사는 게 정답이 있으려나?

일러두기

이 책에 실린 KBS 〈대화의 희열〉 출연자들의 인세는
아동학대피해예방기금으로 기부됩니다

사는 게 정답이 있으려나?

당신과 나누는 이야기 대화의 희열

아이유,
조수미,
지코 외
KBS 〈대화의 희열〉
지음

교보문고

당신이 열어준 세계로
향하는 문

사라졌던 원(One)-게스트 토크쇼를 론칭하겠다고 해놓고서 '이 방향이 맞을까.', '의미 있는 콘텐츠가 될 수 있을까.' 고민했었다. 하지만 그런 걱정은 대화의 의미를 천천히 되짚어가는 사이에 눈 녹듯 사라졌다. 사람은 누구나 단 한 번의 인생을 산다. 따라서 다른 사람을 만난다는 것은 내가 결코 살아본 적 없는 시간을 마주하는 일인 셈이다. 사람의 일생을 각기 한 권의 책이라고 한다면, 그 책의 페이지를 넘겨 문장을 읽고 이해하는 유일한 방법은 바로 대화일 것이다.

집 밖을 나서는 순간 우리는 필연적으로 누군가와 대화를 나누게 되지만 그 대화가 늘 즐거운 것은 아니다. 기억도 나지 않을 만큼 기계적이고 무덤덤하게 지나가는 대화도 있고, 오히려 괜히 말을 섞었다 싶게 불쾌함만 남고 끝나는 대화도 있다. 하지만 어떤 대화는 오랫동안 마음속에 기분 좋은 무게감을 지닌 채 머문다. 그 일부가 나의 일부와 부드럽게 섞여 내 안의 무언가를 바꾸어놓기도 한다.

평생 접점이 없을 줄 알았던 사람과 뜻밖의 만남을 통해 나의 세계가 넓어지고 닫혀 있던 문 하나가 열리는 기분, 아마 누구나 그 신선하고 새로운 경험에 남모를 희열을 느껴본 적이 있을 것이다. 그 대화의 상대가 유명하고 잘난 사람이라고 해서 꼭 나에게 인상적인 메시지를 남기는 것은 아니다. 어떨 땐 여행지에서 만난 전혀 모르는 사람과의 짧은 대화가 이상하리만큼 오랫동안 마음속에 남아 있을 때도 있지 않던가. 이 프로그램이 그런 존재감을 지니게 되면 좋겠다고, MC들과 제작진은 늘 이야기 하곤 했었다.

〈대화의 희열〉에서는 간식이 빼곡하게 올라간 맛있는 테이블을 사이에 두고, 누구의 마음에 닿을지 모를 이야기가 부드럽게 시작된다. 각 분야의 이름만 들으면 알 만한 유명인이 등장하지만, 일방적인 강의보다는 대화를 지향한다. 그들의 성공 신화를 조명하며 뻔한 교훈을 찾기보다는, 그 인물들을 '주제'로 삼아 각기 새로운 관점으로 세상을 들여다보고 서로의 시선을 이해해나가는 시간에 가깝다. 그래서 〈대화의 희열〉에 나온 주인공들은 얼마나 유명한 사람인가가 아니라, '어떤 이야기의 주제가 될 수 있는 인물인가'가 더 중요했다. 방송에서 주인공의 이름 앞에 '게스트'라는 단어 대신 '대화 주제'라는 호칭을 고집스럽게 붙인 것도 그 때문이었다. 매주 다양하게 초대된 '대화 주제'들을 통해 세대와 성별, 직업을 넘어 서로가 연결되고 또 세계가 확장되어 나가는 순간을 공유하고 싶었다.

전 국민이 잘 알고 있다고 믿었던 유명인의 새로운 면모를 발견하기도 하고, 어색할 법한 첫 만남에서 예기치 못한 진심들이 튀어나와 가슴을 울리기도 했다. 누구보다 잘 들어주는 호스트 유희열의 배려 속에서 웃음과 공감을 나누며 서로가 조금씩 마음을 열었고, 어떨 땐 게스트가 오히려 패널들의 이야기에 귀 기울여 들어주기도 했다.

살다 보면 보이지 않는 쳇바퀴 속에서 홀로 제자리걸음을 걷는 것 같은 기분이 들 때가 있다. 그래서 우리에겐 대화가, 특히 '좋은 대화'가 필요하다. 내가 뻗어나갈 수 있는 세상의 크기는 분명 한정적일지도 모르지만, 적어도 내가 모르는 세상에 대한 가능성을 열어둔다면 우리의 삶도 조금 더 생생해지지 않을까. 개인이 실제로 만나기는 어려운 다양하고 인상적인 인물들과의 대화, 그 세계와 세계의 만남을 〈대화의 희열〉이 간접적으로나마 주선할 수 있다면 기쁘겠다. 이 책의 독자들이 방송에서 마음에 닿았던 각자의 소중한 대화들을 되새길 수 있기를, 또 그 테이블의 빈자리에 앉아 서로의 눈을 들여다보는 기분으로 다시 한번 대화의 희열을 느낄 수 있기를 바란다.

마지막으로 단행본 출판과 더불어 인세를 아동학대피해 예방기금으로 기부하는 것에 흔쾌히 동의해주신, 시즌 1, 2의 모든 '대화 주제' 분들께도 깊은 감사의 말씀을 전한다.

신수정 PD

아이유, 조수미, 지코, 이정은, 백종원, 김숙,
배철수, 이수정, 박항서, 리아킴, 유시민

KBS 〈대화의 희열〉 제작진

연출 신수정 이재현 유지윤 문승원 배수경 이상현 채재진 정미희
작가 강윤정 홍지해 천진영 이향숙 임연주 최은솔 강효경 박민희 박태희
책임프로듀서 최재형 손지원

그리고 유희열

1

어느 순간에는 잠시 매무새를
다듬어야 해요

∽

인생의 밀도를 채우는 방법

아이유(IU)

싱어송라이터 겸 배우. 본명은 이지은이며 예명 IU는 '음악으로 나와 네가 하나가 된다'라는 뜻이다. 2008년 앨범 《Lost And Found》로 데뷔한 이후 〈마쉬멜로우〉, 임슬옹과 호흡을 맞춘 〈잔소리〉 등으로 인기를 얻었고, 2010년에 발표한 세 번째 앨범 《Real》의 타이틀곡 〈좋은 날〉로 명실상부한 톱스타 반열에 올랐다. 매력적인 음색을 소유한 뮤지션으로, 직접 작사, 작곡에 참여해 가수로서, 또 프로듀서로서 성장하는 모습을 보여주고 있다. 〈호텔 델루나〉, 〈나의 아저씨〉 등 드라마와 〈아무도 없는 곳〉, 〈페르소나〉 등 영화에서 연기자로서도 활발한 활동 중이다.

"제가 후배들한테 가장 해주고 싶은 얘기는
드라마 〈나의 아저씨〉 찍으면서도
가장 공감이 됐던 말인데,
'아무것도 아니다'라는 거예요.
좋은 일도 나쁜 일도 다 아무것도 아니다.
저도 그런 생각을 하면서 견뎌왔던 시간이 많거든요.
10대 때부터 항상 평정심을 찾아야 한다고 느꼈던 게
좋을 때 너무 들뜨면 떨어질 때 외롭고 쓸쓸하니까
뭐가 됐든 항상 나로 있어야 한다,
그래야 왔다 갔다 하는 상황에도
흔들리지 않는다고 생각해요.
연예계 생활, 사회생활로 봤을 때는
그게 건강하게 사는 데
도움이 되는 말인 것 같아요."

음악은 때로 내 안에 잠잠히 스며들어 마치 내 이야기를 나누는 것 같은 영혼의 교감으로 이어지곤 한다. 분명 다른 사람의 이야기인데도 그 안에서 각기 자신만의 기억과 감정을 떠올리며 표현하지 못한 채 접어뒀던 감정의 조각들을 발견하게 되는 것이다. 어떤 음악은 멜로디에 실은 가장 솔직한 고백이기 때문일까. 아이유의 노래는 또래 청춘들의 가장 가까이에서 공감과 위로의 순간들을 나눠준다. 열여섯의 어린 나이에 데뷔해 수수께끼 스물셋, 이제 조금씩 나를 알아가는 스물다섯, 그리고 알 수 없는 무력감을 고백한 스물여덟까지 아이유는 대중과 함께 여전히 성장해 나가는 중이다. 아티스트로서, 리더로서, 그리고 그 자신으로서, 아이유는 어떻게 생에 충실한 동시에 자유로울 수 있을까?

책임지는 것을 배운 아이

아이유의 데뷔곡 〈미아〉는 중학생에게는 다소 무거워 보이는 듯하던 발라드곡이었다. 나이답지 않은 성숙한 가창력을 앞세워 데뷔했으나 당시만 해도 큰 반응을 얻진 못했다. 아이유가 본격적으로 대중에게 알려지기 시작한 계기 중 하나로는 재미있게도 〈유희열의 스케치북〉에서 탄생한 명장면이 꼽힌다. 빅뱅의 거짓말을 편곡하여 기타 치면서 부르는 신인가수 아이유, 그리고 그 옆모습을 뚫어져라 바라보며 집중하는 유희열의 짐짓 매서운 눈빛. 일명 '매의 눈'이나 '아이유 도망가' 같은 밈(meme)으로 영상이 유명해지기 시작했고, 어느덧 사람들도 유희열이 먼저 감지한 아이유의 심상치 않은 재능을 알아차렸다. 이후 〈Boo〉와 〈마시멜로우〉 등으로 차곡차곡 인지도를 쌓아가던 아이유는 〈좋은 날〉이라는 3단 고음의 메가 히트곡을 탄생시킨 후 그야말로 폭발적인 인기와 유명세를 얻었다. 서먹했던 출사표를 뒤로하고 어느새 프로듀서이자 아티스트로서, 그리고 대중에게 가장 사랑받는 음원 강자로서 자리매김한 것이다.

대형 기획사도 아니었고 데뷔하자마자 대중에게 얼굴을 알리는 판타지 같은 성공도 없었다. 처음에는 한 번이라도 더 무대에 설 기회를 얻기 위해 그저 바쁘게 달렸다. 노래도 하면서 게임 채널 VJ를 하기도 하고, 라디오 고정을 10개씩 하기도 했다. 별의별 무대를 다 서면서 노래할 자리를 만들어 갔지만 그때까지만 해도 관객들은 아이유에게 그다지 관심이 없었다. 한번은 경마장에서 무대를 했는데, 관객들이 전부 아이유보다 말에 더 관심이 쏠려 있는 걸 보고 속상하기도, 한편으로는 그 상황이 웃기기도 했다. 말보다 존재감이 없다니. 아무튼 뭐든 치열하게 열심히 하는 수밖에 없다고 생각했다.

"사실 그때의 저를 생각하면 제일 먼저 떠오르는 생각은 '좀 징그럽다'예요. 그때 저는 지금의 저랑은 또 다르거든요. 너무 열심이었고, 실천력도 대단했고, 전투력이 정말 최고였어요. 어떻게 보면 지금보다 훨씬 더 언니 같을 정도로 그때는 뭘 해야 할지 항상 알았던 것 같아요. 지금은 그때보다 오히려 날이 무뎌진 면도 있는데, 대신 많이 유연해지고 편안해졌어요. 주변을 볼 수 있는 여유도 좀 생기고요."

당시 소속사에서는 아이유에게 무언가를 강요하거나 결과에 대해 압박하지 않고 하고 싶은 것을 하도록 지켜봐 주는 분위기였다. 그래서 오히려 더욱 의지를 다지며 고군분투했는지도 모른다. 누가 시켜서 하는 게 아니니 잘되든 안되든 전부 자신의 책임이라고 생각했기에, 스스로 목표를 정하고 나 자신이 누구보다 열심히 해야 한다고 은연중에 다짐하곤 했다. 어릴 때부터 자신의 결정에 책임지는 데 익숙했던 것은 가정환경의 영향도 있었다. 부모님은 뭐든 풍족하게 뒷받침을 해주시면서도 "어떤 사람이 되어야 한다."든지 "공부를 잘해야 한다."는 식의 이야기는 꺼내시는 법이 없었다. 부모님이 바쁘게 사는 모습을 보면서 어린 아이유는 '내 할 일은 당연히 내가 알아서 해야 하는 거구나'라는 걸 배웠다. 본격적으로 일을 시작하면서 내가 스스로를 책임져야 한다는 생각은 더욱 확고해졌고, 그럴수록 계획도 많이 짜고 삶이 흔들리지 않도록 똑바로 앞을 바라보며 걸었다. 주변에는 성공보다 실패를 쉽게 예측하고 내뱉는 사람들이 더 많았지만 누가 가르쳐주지 않아도 내가 뭘 해야 하는지는 알 수 있었다. 스쳐 가는 말에 상처 입기보다는 오히려 더 당당하게 하고자 하는 일을 해내어 버리는 것. 그러자 세상은 부지런히 자신을 키워낸 소녀에게 반응하기 시작했다.

이 거품은 내 것일까

〈좋은 날〉 이후 신드롬급 인기를 누리면서 큰 굴곡 없이 활동하는 듯 보였던 아이유에게도 슬럼프는 있었다. 아이러니하게도 가수로서 충분히 안정적이고 성공적인 위치에 오른 것으로 보였던 《꽃갈피》 앨범을 냈던 해였다. 그때는 거의 한 달에 한 번씩 음원을 내며 활발히 일했던 시기였고, 많은 사람에게 사랑받으며 객관적인 성과도 충분히 좋았지만 문득 일종의 매너리즘에 빠졌다. 그동안 해온 것들이 그저 우연이고 운이었던 것처럼 여겨지며 '이게 정말 내 능력일까?' 하고 자신에 대한 의심이 차올랐다. 데뷔 초에도 무대에서 긴장하는 편이 아니었는데, 그즈음에는 무대에 서는 것이 두려워 처음으로 신경안정제를 먹고 무대에 올랐다.

"아직까지도 정확한 이유는 잘 모르겠는데, 그동안 해왔던 것들이 다 내 것이 아닌 것 같다는 생각이 크게 들어서 불안했던 것 같아요. 그런데 일은 잘되니까 잘되는 대로 더 불안한 거예요. 계속해서 거품이 만들어지는 것 같은 느낌? 그런데 어느 순간 거품이 다 빠지고 딱 밀도 있게 압축해서 봤을 때 내가 이 정도밖에 안 될까 봐. 그게 좀 무서웠어요."

옆에서는 다들 충분히 잘해나가고 있다고 하는데 스스로는 허공을 딛고 나아가는 것처럼 불안했다. 사람들이 보는 내가 실제의 내가 아닌 것 같고, 지금 대중으로부터 쏟아지는 사랑도 내게는 온전히 받을 자격이 없는 것 같았다. 객관적으로 보면 자신이 걸어온 길이 분명한데도 실체가 없는 듯 막연했고, 세상은 나에게 더없이 친절한데 언젠가 내가 이걸 다 망칠 것 같은 생각이 들어 괴로웠다.

특히나 아이유를 늘 따라다니는 수식어 중 하나는 '어린 나이에 참 잘한다'였다. 그런데 시간이 지나면 당연히 나이는 먹는 것인데, '어리다'는 수식어를 빼고도 계속해서 잘한다는 평가를 받을 수 있을까 하는 고민도 있었다. 대중들은 끊임없이 새로운 것, 더 나은 것을 바랄 텐데 언제까지 계속 성장할 수 있을까? 키가 자라는 걸 그 순간에는 모르는 것처럼, 나의 성장을 실시간으로 볼 수 없으니 매일이 그저 불확실의 연속일 수밖에 없었다. 심지어 불현듯 어제의 내가 오늘의 나와는 다른 사람인 것처럼 느껴지는 순간들도 생겼다.

돌이켜보면 태어나서 처음 겪는 일들을 어떻게 완벽히 소화시켜야 할지 몰라 잠시 멈춰야 했던 시기가 아니었을까. 자신이 어떤 사람인지, 내가 가진 능력은 어느 정도인지 스스로 확신하고 뜸을 들이기 위해 가끔은 자신의 내면으로 들어가 바닥부터 차근차근 살펴봐야 할 때가 있다. 일에 있어서는 무섭게 성장했지만 남들보다 일찍 사회생활을 시작했기 때문에 준비되지 않은 부분도 분명히 존재했을 것이다. 그러다 보니 어느 시점에서는 잠시 매무새를 다듬으며 균형을 잡을 타이밍도 필요했는지도 모른다.

"그때 제가 '앞으로 훨씬 더 밀도 있게 살아야겠구나.' 하고 생각했어요. 내가 갖고 있는 것보다 거품으로 부풀려진 게 많은 것 같아서 너무 불안한 거예요. 그러니까 진짜 꾹꾹 눌러서 내가 할 수 있는 것만 하자, 시간이 오래 걸리더라도 내 밀도를 채우자, 싶었어요. 그래서 프로듀싱을 제가 해야겠다고 결심했어요. 불안하면서 근사해 보이게 사느니 초라하더라도 마음 편하게 살아야겠다 싶더라고요. 잘되든 안 되든 해야겠다고 생각했죠."

사실 그해는 음원을 많이 내고 반응도 좋았기에 그만큼

아이유를 찾는 무대가 많고 섭외도 물밀듯 몰려드는 시기였다. 연예인으로서 어쩌면 평생 한 번 올까 말까 한 커리어의 최전성기에서 아이유는 모든 걸 멈추고, 자신의 밀도를 높이는 데 투자하겠다는 결심을 한 셈이었다. 지금까지는 곡이 성공해도 자신은 좋은 곡에 가창만 했을 뿐이라는 생각에 그 성공이 자신과는 다소 별개라는 느낌이 있었다. 그래서 그 스포트라이트가 일부 거품처럼 느껴졌는지도 모른다. 나의 역할과 결정의 비중이 커질수록 그 일이 성공하든 실패하든 그에 대한 책임도 온전한 내 것이 된다. 자신의 앨범에 직접 프로듀싱을 시작하면서 아이유는 자연스럽게 슬럼프에서 빠져나오며 일을 더 즐길 수 있게 되었다. 마음이 더 편해졌고, 지금은 프로듀싱이 치열하면서도 가장 즐거운 일이 됐다.

"저는 프로듀싱이 너무 신나고 재미있어요. 곡을 수집하고, 곡을 쓰고, 가사를 쓰고, 콘셉트를 짜고 앨범을 만드는 과정 모두가 너무 좋거든요. 제가 프로듀싱할 때 표정이, 인상을 쓰고 있으니까 사람들은 스트레스를 받느냐고 묻는데, 제 마음속은 막 놀이동산의 밤처럼 파티가 열리고 있는 상태예요."

불면의 밤은 가사가 된다

이 밤 그날의 반딧불을
당신의 창 가까이 보낼게요
음 사랑한다는 말이에요

길고 깊은 밤, 홀로 그 밤을 보내며 당신을 떠올린다. 나는 잠들지 못하고 있지만 당신의 잠은 깊고 편안했으면 좋겠다. 나는 그 창가에 작은 반딧불이를 보내는 마음으로 당신의 숙면을 빌어준다. 나의 외로움을 달래기 위해 당신을 깨우는 대신, 당신의 편안한 밤을 바라는 이 마음이 아무래도 사랑인 것 같다. 아이유는 〈밤편지〉의 가사에서 그렇게 잠과 사랑에 대하여 이야기한다. 아이유 자신이 오랫동안 불면증을 겪다 보니, 이제는 일상처럼 되어버린 잠들지 못한 밤들을 흘려보내며 〈밤편지〉라는 곡을 탄생시켰다.

곡 작업을 하거나 공연을 준비하다 보면 예민한 각성 상태가 이어지는 탓인지, 꾸준히 수면 치료를 받고 있는데도 불면증이 좀처럼 나아지지 않고 있다. 그러다 보니 언제부턴가는 그냥 언젠가는 잠이 오겠지 하고 익숙하게 받아들이게 되었다. 그리고 자연스럽게 불면에 대한 자전적인 가사들이 탄생했다. 〈무릎〉도 마찬가지로 잠에 대한 아이유의 이야기를 고스란히 담은 곡이다.

"나는 왜 잠을 못 자고 있을까? 내가 누구를 기다리나, 아니면 아직 못다 한 일이 남아 있던가? 그것도 아니면 돌아가고 싶은 그곳을 떠올리나? 〈무릎〉은 한 줄도 빠짐없이 제 생각을 그대로 담은 곡이에요. 어릴 때 할머니 무릎에 누워 있으면 머리 쓰다듬는 손길을 느끼며 스르륵 잠드는 그런 경험이 있잖아요. 그때는 참 잘 잤는데 그때랑 내가 지금 뭐가 달라졌기에 이렇게 못 자는 걸까, 하면서 곡을 썼어요."

불면증이 잠에 대한 곡으로 이어졌듯 직접 걸었던 시간과 경험한 순간들에 대한 기록은 아이유가 적는 가사의 원천이 된다. 연습생 시절부터 혼자 숙소 생활을 하다 보니 자연히 매일 일기 쓰는 습관이 생겼다. 어디에 실컷 말할 데가 없어서 쓰기 시작했는데 지금은 자연스럽게 필요할 때마다 하루의 기록을 남기고 있다. 특히 고민이 있거나 머릿속이 복잡할 때는 일기를 써서 마음을 문장으로 정리하고 나면 불안감이 조금 해소되기도 한다. 그렇게 지나간 하루들을 나중에 다시 돌아보면, 신기하게도 현재와 다른 시간을 살고 있는 과거의 자신이 가장 많은 영감을 가져다준다. 꼭 일기장이 아니어도 휴대전화에 생각날 때마다 산문처럼 글을 써놓은 뒤에 어울리는 곡이 나오면 가사를 깎고 다듬어 작사를 하기도 한다.

이렇게 아이유의 마음에 머물렀던 문장들은 기록으로 숙성되어 멜로디 위에 얹어져 세상 밖으로 나온다. 아이유의 노래가 많은 사람에게 와 닿는 이유는 아마 그만큼 진솔한 감정들이 담겨 있기 때문인지도 모른다. 특히 아이유의 '나이 시리즈'가 많은 이에게 공감을 얻은 것도 그런 까닭일 것이다.

〈스물셋〉이나 〈팔레트〉는 사실 무척 개인적인 곡이다. 일단 제목부터 나이를 명시하고 있다 보니 노래를 듣는 소비층이 한정되지 않을까 하는 우려도 있었지만, 아이유는 그 나이대에 느끼는 가장 나다운 이야기를 꺼내 놓고 싶었다. 발매 당시에는 이전의 잔잔하고 동화스러운 분위기와 달리 다소 도발적인 느낌에 부정적인 반응도 있었지만 아이유의 스물셋은 실제로 그런 나이였다. 그런데 막상 시간이 지나고 나니 나이 시리즈는 당시의 스물셋뿐 아니라 매년 스물셋을 맞이하는 사람들, 또 그 나이를 지나와서 공감하는 사람들까지 꾸준히 듣는 곡이 됐다. 매년 새해에 스물셋들이 그 곡을 찾아 들어 인기음원 차트에 오르기도 한다.

아이유는 그럴 때 작사하길 잘했다는 생각을 한다. 가사는 그 당시에 반짝 빛을 발하고 사라지는 게 아니라 계속 사람들의 마음속에 남는다. 그리고 대중과 가사를 통해 서로 같은 경험과 감정을 나누며 이야기할 수 있다. 그것만으로도 작사가 아이유는 늘 기쁘고도 고맙다.

굳이 변화를 시도한다면

사회의 어느 영역이나 고착화되어 있는 관행들이 있다. 꼭 그렇게 해야 한다고 법으로 정해져 있는 건 아니지만 이미 하나의 시스템으로 자리 잡아 아무도 의문을 품지 않고 따르고 있는 관행들. 익숙하고 안정적인 방식을 수용하면 그만큼 위험 부담이 적기 때문에 대부분의 사람이 그 길을 따라 걸으며 관행은 이어져가게 된다. 특히나 손익이 중요한 기업의 입장에선 굳이 기존의 안전한 방식을 벗어나는 모험을 할 필요가 없다. 아이유의 소속사에서도 기본적으로 아이유의 의견을 존중해 주었지만, 그가 대중적인 선호도나 기존의 관행적인 시스템에서 벗어나려 할 때에는 일단 충돌이 생길 수밖에 없었다.

"〈스물셋〉이라는 곡이 나올 당시에 제가 〈무한도전〉으로 대중에게 사랑을 많이 받았는데 가사가 좀 도전적이라 회사에서는 반대했었어요. 그치만 결국 제가 타이틀곡으로 선택했어요. 그리고 〈밤편지〉를 선공개할 때도 회사에서는 대중성이 떨어진다고 반대했는데 모든 의견을 다 듣고 결국 제가 선공개 곡으로 선택했죠."

《팔레트》 앨범을 작업하면서도 대중적으로 인기가 있을

만한 곡을 타이틀곡으로 뽑으려고 직원들끼리 투표를 했는데 사실 밤편지의 득표수는 현저히 낮았다. 추상적이고 심심하다는 평가가 대부분이었다. 게다가 어린 신예 작곡가의 곡이었기 때문에 소속사 입장에서는 더 불안할 수밖에 없었다. 하지만 아이유 스스로는 드물게 확신에 찬 감을 느꼈다. 결국 나를 믿어달라고 밀어붙였고, 밤편지는 예상대로 흥행했을 뿐 아니라 오랫동안 차트에 남아 오래 흥행하는 곡이 됐다. 그때는 설득보다 "저를 믿어주세요."라고 할 수밖에 없는 감 같은 것이 있었다. 때로는 흥행에 대한 분석보다 오히려 무모한 '감'의 결정이 옳을 때도 있었다.

특히 《꽃갈피 둘》 앨범에 수록된 〈가을 아침〉은 관행을 벗어난 시간에 음원을 공개해 화제가 되었다. 지금의 음악 유통 시스템은 정오부터 오후 6시까지를 음원 공개 시간으로 권장하고 있다. 그 외의 시간에 공개한 곡은 당일에 집계되지 않고 익일 집계가 된다. 일단 공개 직후에 차트에 진입하는 것이 곡의 흥행에 유리하기 때문에 대부분은 당일 집계되는 시간에 음원 공개를 하는데, 아이유는 〈가을 아침〉을 꼭 아침에 공개하고 싶다는 마음이 컸다. 아침 7시에 공개하면 12시까지 5시간 동안의 집계를 포기해야 하는 상황이었지만, 성적만큼이나 듣는 즐거움도 중요한 가치라고 생각했다.

"물론 성적과 매출도 굉장히 중요한 부분이고, 절대 떨어지는 가치라고는 생각하지 않거든요. 하지만 어떤 노래를 원하는 순간에 듣는 것도 동등하게 중요한 가치라고 생각해요. 단순하게 '가을 아침'이니까 아침에 들었으면 좋겠다, 그렇게 생각했던 거죠."

특히나 리메이크 앨범이었던 《꽃갈피 둘》는 성적보다도 옛날에 있던 명곡들을 우리 세대에 다시 한번 듣고 상기시키고 싶은 마음으로 진행한 프로젝트였기 때문에 더더욱 '듣는 가치'를 더 중요하게 여기고 싶었다. 성적은 안 나오더라도 듣는 사람들의 기분이 좋다면 그걸로 충분하지 않을까 하고 결국 아침에 음원 공개를 강행했다. 그리고 그 결과는, 역시나 '대박'이었다. 1위라는 지표보다 더 기뻤던 것은, 실제로 등굣길과 출근길에 선물처럼 공개된 이 곡을 들으며 가을 아침을 한껏 만끽했다는 리스너들의 반응이었다.

군이 변화를 시도하지 않으면 이미 입증된 안정적인 경로를 따라갈 수 있지만, 그럼에도 군이 변화하고자 한다면 세상은 어떻게 바뀔까? 막상 관행에서 벗어나 이상적이고 새로운 것을 꿈꾸는 사람들은 이미 견고하게 자리 잡은 기존 시스템을 바꿀 힘이 없는 경우가 많다. 그런데 선택할 수 있는 힘이나 영향력을 가진 누군가가 손해를 조금 감수하더라도 금기를 깨고 변화를 시도해 준다면, 세상은 아주 조금씩이나마 달라지지 않을까?

차트 순위도 중요하지만 굳어진 성공 법칙만을 따르다 보면 다른 가능성은 시도조차 하지 못하게 되고, 오히려 그게 모두에게 한계를 긋는 결과로 이어질지도 모른다. 사람의 마음에 닿는 것이 보다 음악의 본질에 가까운 일이라고 한다면, 음악을 퍼뜨리는 좀 더 다양한 방향과 가능성을 열어둬야 결국 창작자나 듣는 사람 모두에게 음악이 궁극적인 혜택으로 돌아갈 수 있을 것이다. 그렇게 누군가 약간의 균열을 내며 새로운 선택을 하고 또 거기에 동의하는 누군가가 생기며 조금씩 움직인다면 과도한 순위 경쟁보다 음악을 즐긴다는 본질에 조금 더 가까워질 수 있지 않을까.

"그런 선택이 어떤 희생이나 싸움 같은 게 아니라, 결국 모두가 조금씩 편해질 수 있는 방법인 것 같더라고요. 당장은 손해보는 게 있어도, 가능성이 많아지고 자유로워질수록 저도 결국 그 득을 보게 되거든요."

무엇보다 통상적이지 않은 선택을 할 때 그에 대한 책임도 아이유는 자신에게 있다고 생각하기 때문에 오히려 과감한 선택을 밀어붙일 수 있었다. '안되더라도 내 탓'이라는 책임감은 무거울 수밖에 없다. 하지만 그것을 각오하고 있기에 하고 싶은 일을 선택할 수 있을 뿐 아니라 함께하는 사람들의 신뢰를 기반으로 한 동료들도 얻을 수 있었다.

사람이 있었다

아이유의 무대를 함께 만들어가는 매니지먼트와 동료들은 오랜 세월을 함께하고 있는 것으로 유명하다. 이 관계가 오래 유지된 비결이라면 주변 사람들을 마음으로나 현실적으로나마 살뜰하게 챙겼기 때문이겠지만, 아이유는 도리어 그들이 아이유라는 아티스트를 지속시켰다고 여긴다.

"좋은 사람들을 만나게 되는 건 다 운인 것 같아요. 제 주변에 계시는 분들은 다 제가 잘 됐을 때나 잘 안 됐을 때나 항상 한결같이 인간적인 분들이에요. 제가 사람을 면접 봐서 뽑은 것도 아니었는데, 같이 일하다 보니까 다 너무 좋은 분들인 거예요. 다들 무던하고 인간적이라서, 그런 분들과 함께할 수 있어서 굉장히 행운이라고 생각해요."

일을 멈추지 않고 지금까지 계속 해올 수 있었던 원동력은 좋은 사람들이 주는 힘 덕분이었다. 그들이 우직하게 곁을 지켜준 덕분에 아이유도 흔들리지 않고 건강한 마인드로 즐겁게 활동할 수 있었다. 하지만 아무리 좋은 사람들과 함께한다 해도 좋은 마음만으로 동화처럼 살아갈 수는 없다. 현실적으로 아티스트의 공백기에는 스태프들도 필수적으로 쉬어야 하는 시기가 생기고, 그럴 때는 당장 수입이 없어지게 된다. 그래서 아이유는 동료들의 고용과 처우에 관해 적극적으로 의견을 내고 반영되도록 했다. 그들이 현실적인 어려움으로 떠나는 일 없이 지속적으로 함께 일해주길 원했기 때문이다. 그리고 이렇게 소중한 인연을 맺어온 사람들을 실망시키지 않겠다는 다짐은 아이유를 더 강하게 만들었다.

사회에서 일보다 사람 때문에 고통스러울 때가 있듯이, 힘든 마음을 회복시켜줄 수 있는 것도 결국은 사람이다. 말도 많고 탈도 많은 연예계에서 아이유에게 원동력이 되어준 것은 늘 좋은 인연들이었다. 2018년 드라마 〈나의 아저씨〉를 촬영할 때도 정말 체력적으로 피폐하다 싶을 만큼 힘들었을 때도, 의지가 되어준 김원석 감독님 덕분에 드라마를 끝까지 완주할 수 있었다.

"겨울부터 촬영을 시작했는데 그 무렵에 제가 몸도 마음도 너무 힘들었어요. 한 번도 하던 일을 중간에 접은 적이 없었는데, 도저히 안 되겠다는 생각이 들어서 감독님께 '제가 일할 수 있는 상태가 아닌 것 같다, 너무 죄송하고 배상할 수 있는 부분은 다 할 테니까 여기서 하차를 해야 할 것 같다.'고 말씀을 드렸어요. 그런데 감독님께서 저한테 미안하다면서 막 우시는 거예요. 제가 연기한 지안이의 쓸쓸함이나 외로움이 실제로 힘들어서 나오는 감정인지 몰랐다고. 알아주지 못해 미안하다고 하셨어요."

사실 촬영 중간에 빠진다는 것은 드라마 촬영이 혼자 하는 일이 아닌 만큼 엄청난 문제가 될 수도 있는 일이었다. 때문에 감독님이 강건하게 반대해도 당연한 상황이었다. 그런데도 오히려 그 마음을 몰라줘서 미안하다는 감독님의 말이 가슴 깊이 와닿았다. 힘든 상황이었는데도 이상하게 그 진심을 듣고 나니까 어떤 힘이 생기는 것 같았다. 이분 때문이라도 끝까지 해내야겠다고 그때 결심하게 됐다. 이후로 감독님께서 현장 시스템을 맞춰주면서까지 아이유가 건강하게 촬영을 할 수 있도록 많이 배려해 주셨고, 덕분에 작품을 끝까지 완주할 수 있었다. 누구보다 외롭고 혼자였던 지안이, 그럼에도 사람과의 관계 속에서 결국 편안함에 이른 지안이에게 위로 받았다며 〈나의 아저씨〉를 지금도 인생 드라마로 꼽는 사람이 많다. 겨울에 시작한 촬영이 끝날 때쯤 봄이 오고 있었는데, 그즈음엔 신기하게 지안이를 연기한 아이유의 마음속에도 봄빛이 깃들고 있었다.

함께 청춘을 지나며

아무래도 어린 나이에 데뷔하다 보니 또래 친구들처럼 학교생활을 하지는 못했다. 그래도 출석은 꼭 해야 해서 고등학교 3년 동안 열심히 출석했고 시험도 꼬박꼬박 봤다. 연예 활동을 하면서 학교를 오가는 게 체력적으로 피곤할 때도 있었지만 교복을 입고 친구들과 한 공간에 머물렀던 학창시절은 좋은 추억이다.

"제가 학교생활을 충실히 하지 못했는데도 선생님들께서 정말 잘해주셨고 따뜻하게 대해주셨어요. 학교생활을 제대로 하지 않는 학생이 예뻐 보이지 않았을 텐데도 정말 따뜻하게 해주셨거든. 친구들과의 추억도 많이 만들진 못했지만, 고마운 마음이 많아요. 특히 기억에 남는 게, 제가 항상 소풍을 못 갔어요. 그런데 친구들이 단체 사진에 저를 합성해서 저한테 준 거예요. 그게 아직까지도 되게 기억에 남아요."

졸업 이후 아이유는 고교 생활을 좋은 기억으로 채워준 모교에 장학금 기부를 시작했다. 대학 합격을 했는데 사정이 어려워 등록금을 못 내는 학생들 5명에게 매년 등록금을 지원해주는 형태의 장학금이다. 그 외에도 어린이 재단, 건강이 좋지 않은 노인분들을 위한 단체 등 여러 곳에 꾸준히 기부를 하고 있다. 기부를 시작한 데에는 어릴 적 어머니의 영향이 컸다. 어머니는 늘 주변 이웃을 돌보고 남들을 챙기곤 하셨는데, 어린 마음에는 그게 사랑을 뺏기는 것 같아 싫을 때도 있었지만 자라면서 점점 어머니를 자랑스럽게 여기게 됐다. 어머니가 멋있고 존경스럽다는 생각이 드니까 자연스럽게 어머니처럼 행동하려고 노력하게 되고, 어떻게 현실적으로 실천할 수 있을까 고민하다 보니 기부로 이어진 것이다.

특히 아이유의 나이 시리즈를 듣는 비슷한 또래 청춘들에게 응원이나 피드백을 많이 받다 보니, 요즘에는 같은 시기를 보내고 있는 청춘들을 오히려 응원하고 싶은 마음도 커졌다. 서로 몸담고 있는 직업이나 환경은 다르지만, 인생의 어떤 시기를 함께 지나면서 똑같이 혼란스럽고 불안한 감정들을 겪고 있다는 것은 느낄 수 있었다.

"제가 제 나이에 대한 곡을 내면서 많은 또래 분이 '저도 공감해요.' 하면서 자신의 이야기를 많이 보내주셨어요. 저도 그분들 이야기를 들으면서 '맞아, 어리면 어리다고 응원해 주고 어르신들은 어른이라고 응원해 드리는데 그럼 청춘들은 누가 응원하지?'라는 생각이 들더라고요."

아무것도 모르는 채로 갑자기 사회에 던져지고, 사회생활을 배워가며 살아남으려 애써가면서, 같은 시기를 겪고 있는 서로에게 의지하고 위로받는 게 큰 힘이 될 때가 있다. 2021년 최근에 발매된 〈Celebrity〉의 티저 영상이 공개됐을 때에도 팬들은 일반인과 다른 셀럽으로서의 고충이 담겨 있는 곡이 아닐까 짐작했는데, 실제로 공개되고 보니 우리 모두가 세상에서 유일하고 아름다운 별이라는 응원과 위로를 전하는 가사여서 놀라기도 하고 감동하기도 했다는 반응이 많았다. 지금의 청춘들에게는 서로를 위로하고 함께 치유해나갈 수 있는 온기가 필요하지 않을까. 노래에 담긴 응원은 자꾸만 작고 초라해지던 수많은 청춘의 마음을 조금씩 어루만져주는 듯했다.

어른도 아이도 아닌 나이로, 이제는 아이유도 어느덧 활동한 지 10년이 넘은 중견 가수가 됐다. 성인이 되기 전부터 일을 했기에 평범하게 겪을 법한 어린 시절을 가지지는 못했지만, 그에 대한 아쉬움보다는 자신이 선택한 길에 대한 확신을 가지고 나아가려고 한다. 살다 보면 좋은 일도, 나쁜 일도 생기기 마련이지만 중요한 건 흔들리지 않고 여전히 나로서 살아가는 것이 아닐까.

"10대 때부터 항상 평정심을 찾아야 한다고 느꼈거든요. 좋을 때 너무 들뜨면 떨어질 때 외롭고 쓸쓸하니까 뭐가 됐든 항상 나로 있어야 한다, 그래야 왔다 갔다 하는 상황에도 흔들리지 않는다고 생각했어요. 연예계 생활, 사회생활로 봤을 때는 그게 건강하게 사는 데 도움이 되는 말인 것 같아요. 제가 후배들에게 뭔가 해줄 수 있는 말이 있다면, 그런 얘기를 해주고 싶어요."

더불어 아이유는 음악을 잘하는 후배들에게 도움을 주고 그들을 발굴해주는 역할을 하고 싶다는 마음도 있다. 아직 먼 나중의 일을 알 수는 없지만 팔레트에 다양한 색을 칠하듯 가수이자 프로듀서로서, 연기자로서, 또 어쩌면 언젠가 후배들을 돕는 제작자로서까지. 앞으로도 아이유가 칠하는 다채로운 색깔들의 조화를 만나볼 수 있지 않을까. 결과보다 과정을 보여주는 팔레트 위의 물감들처럼, 그 과정을 그려가는 색채 하나하나도 아이유가 그려나가는 그림이 기대되는 이유다.

2

언제나 자신만만하게
행동하세요

∾

운명을 사로잡는 방법

조수미

'100년에 한 번 나올까 말까 한 목소리'라는 칭송을 받는 우리나라 최고의 소프라노. 1993년 이탈리아에서 그해 최고의 소프라노에게 수여하는 '황금 기러기상'을 수상했고, 2008년 이탈리아 오페라 작곡가 푸치니를 널리 알리고 이탈리아 오페라 보급에 공헌한 공로를 인정받아 성악가에게 큰 영광인 '푸치니상'을 수상했다.

사회공헌활동에도 많은 관심을 기울이고 있다. 2010년 대한적십자사 친선대사로 임명되어 소외 계층을 돕기 위해 자선공연을 진행해 출연료 전액을 기부하였다. 그 밖에도 동물에 대한 관심과 보호를 위해서도 앞장서고 있다. 동물보호단체인 '카라' 의료봉사대에 자원하여 명예이사가 되었고, 꾸준히 동물보호를 위한 기부와 여러 활동을 이어나가는 중이다.

"밀라노 라 스칼라 극장의 관객들은
굉장히 까다롭기로 유명해요.
유명한 성악가가 올수록
'어디 얼마나 잘하는지 한번 보자'
하는 눈빛으로 쳐다봐요.
아주 작은 실수도 용납을 안 하죠.
나는 오히려 그런 눈빛을 즐겨요.
야유는 커녕 숨소리도 못 낼 정도로
잘해주겠다는 투지가 생기죠.
특히 외국인이라고 선입견을 품은 시선을 보면
더 전투적으로 변해요."

세계적인 클래식 거장 헤르베르트 폰 카라얀(Herbert von Karajan)은 조수미의 목소리를 일컬어 '신이 내린 목소리이자 인류의 자산'이라고 말했다. 조수미는 그 어떤 악기보다 아름다운 목소리로 전 세계에서 사랑받는 프리마돈나이자 오페라의 본고장 유럽에서 가장 유명한 한국인 소프라노다. 그래미상, 푸치니상, 황금기러기상 등을 휩쓸며 최고의 반열에 오른 스타 성악가이기도 하다. 그리고 그 신의 목소리 뒤에는 무대에서 최고의 노래를 관객에게 전하기 위해 비행기 안에서도 화장실에서 틈틈이 목을 풀고, 베개를 들고 다니며 최상의 컨디션을 유지하려 노력하는 인간 조수미가 있다. 음악과의 운명적인 만남은 기적이었을지 모르나 조수미의 무대는 결국 그 자신의 끊임없고 섬세한 조율이다.

예술가로 태어난 소녀

조수미는 어머니의 영향으로 음악을 시작했다. 어머니는 자신이 이루지 못한 성악가의 꿈을 딸이 이뤄주길 바라서 딸이 뱃속에 있을 때부터 전설의 소프라노 마리아 칼라스의 앨범을 하루 온종일 틀어놓고 지낼 정도였다.

"어머니가 저에게 프리마돈나를 시켜야겠다고 처음부터 작정하셨기 때문에, 저는 어릴 때부터 성악가가 아닌 다른 길로 나갈 플랜 B가 없는 인생으로 자랐어요. 어휴, 뱃속에서부터 24시간 내내 마리아 칼라스 앨범을 들으니까 뱃속에서 아주 미치겠더라고요. 태어나는 순간에도 '아아~' 하고 카덴차를 불렀다니까요."

지금이야 우스갯소리로 말하지만 어린 시절에는 고된 훈련을 시키는 어머니를 많이 원망했다. 피아노는 기본이고 미술, 발레, 고전무용 등 예술가가 되기 위해 배워야 할 재주가 너무 많았다. 집 형편이 그리 좋지도 않았는데 어머니는 셋방살이를 하면서도 피아노가 모든 음악의 기본이라며 집에 조그마한 업라이트 피아노를 가져다 놓았다. 피아노는 묵직한 존재감을 뽐내며 작은 방을 꽉 채웠고, 작은 소녀는 피아노를 왜 쳐야 하는지도 모른 채 4살 때부터 매일같이 피아노 연습을 해야 했다. 초등학교에 들어가고부터는 하루에 8시간씩 피아노를 쳤으니, 굉장히 혹독한 훈련이었다. 가끔은 피아노를 치다가 살금살금 나가려고 문고리를 돌려보면 문이 아예 잠겨 있었다.

어머니가 피아노를 유독 열심히 가르쳤던 또 다른 이유는 나중에서야 알았다. 말도 빨리 배우고 영특했던 어린 조수미를 본 동네 할머니들이 영특한 아이는 단명을 한다며, '악운을 이기려면 뭔가를 많이 두드려야 한다'고 했다는 것이다. 어머니는 그 말을 듣고 혹시나 하는 마음에 피아노를 더욱 열심히 두드리게 했단다.

하지만 당시에는 그런 이유를 몰랐으니 피아노 치는 게 지겹기만 했다. 바흐 인벤션을 하루에 100번씩 연습하느라 어찌나 괴로웠는지, 성악가가 되어서도 오페라 앨범에 바흐를 넣으려 하면 진저리가 날 정도였다. 피아노에서 벗어나고 싶어 가출도 세 번이나 했다. 첫 번째 가출은 8살 때였는데, 남동생 둘을 앉혀놓고 "도저히 이렇게는 못 산다."고 엄숙한 선언을 하고 집을 나갔다. 물론 어린아이라 갈 데가 없어 몇 시간 뒤, 결국 다시 피아노 앞에 앉으며 짧은 외출 해프닝으로 끝났지만 말이다.

물론 어머니가 예술의 길이 적성이 아닌데도 막무가내로 강요했던 것은 아니었다. 어릴 때부터 조수미는 예술가의 떡잎이 보이는 아이였다. 절대음감이 있어 TV나 라디오에 음악이 나오면 그걸 듣고 똑같이 피아노로 쳤고, 선생님들도 예술적 감각이 있다는 칭찬을 많이 했다. 한번은 웅변대회에 나갔는데, 1등을 하자 소리 연구소라는 곳에서 연락이 왔다. 이 아이의 목소리가 굉장히 특별해 목소리 연구를 하고 싶다는 것이었다. 그 외에도 KBS 어린이 동요대회에 나가 우수상을 받은 적도 있었다.

각종 대회나 콩쿠르에 나가면 떨릴 법도 하지만 어린 조수미는 설레고 재미있는 마음이 더 컸다. 부모님이 손님 앞에서 노래를 시키면 사람들이 조용해지면서 노래를 듣기 위해 귀를 기울이는 광경이 좋았다. '사람들이 내 노래를 들으면서 기분 좋아하고 행복해하는구나'라는 걸 어렴풋이 깨달았고, 무대 위에 올라가는 일이 즐거웠다. 아마 어머니도 그런 수미를 보면서 딸의 재능에 점차 확신을 가졌을 것이다.

조수미는 자신에게 다가온 첫 번째 기적으로 어릴 적 어머니가 음악의 세계를 열어준 일을 꼽는다. 저녁 무렵 어머니는 달그락거리며 설거지를 하면서 당신의 신세를 투덜거릴 때가 많았다. 세계적인 성악가를 꿈꾸던 어머니는 결혼을 하면서 꿈을 포기했고, 딸을 낳아 마음속에 품고 있던 소망을 딸에게로 흘려보냈다. 설거지가 끝나면 어머니는 수미의 손을 잡고 공원을 산책하며 여러 차례 당부했다.

"너는 나 같이 살면 안 돼. 한 남자에게 종속되어 살지 말고, 멋진 음악을 해서 세계를 돌면서 만인의 연인이 되어야 해. 그게 네가 할 일이란다."

물론 7, 8살 때이니 당시에는 어머니를 이해할 수 없었다. 어머니는 왜 스스로를 불행하게 만들었을까? 무엇보다 어머니는 내게 왜 자꾸 음악 이야기를 하는 걸까? 부모의 꿈을 자식에게 투영하는 것이 부당하다고 생각했으나, 후에 어머니의 삶을 천천히 들여다보면서 이해했다. 재능과 실력이 있었지만 접어야 했던 길을 보면서, 내 딸만큼은 그 길에서 넘치는 재능을 꽃피우도록 뒷받침하고 싶은 마음이 아니었을까.

"그러다 어느 날은 어머니가 똑같이 설거지하는 뒷모습을 가만히 쳐다보는데, 그 모습이 왜 이렇게 가련하고 불쌍한지. 갑자기 어머니가 아니라 그냥 한 명의 가냘픈 여성으로 보이더라고요. 그래서 '아, 저분이 하지 못한 일에 대한 아픔을 내가 치유해 드려야겠다. 될지 안 될지는 모르겠지만 한번 해보자.' 그런 생각이 들어서 어머니를 많이 이해하게 됐어요. 물론 그사이에 어머니에게 대들기도 하고 싸워서 울기도 했지만, 어렴풋이 노래가 내 운명이라는 걸 받아들이는 계기가 됐죠."

8살에 불과했던 조수미는 어머니의 뒷모습을 물끄러미 보다 천천히 음악을 삶에 들여놓기로 결정했다. 그렇게 어머니의 꿈이었던 노래는 조수미의 꿈이 되었다.

스무 살의 첫사랑

스무 살, 대학에 입학할 때부터 이미 조수미는 유명인사였다. 서울대에 수석 입학을 한 덕분이었다. 대학이라는 문턱을 넘었을 때 첫 느낌은 '자유' 그 자체였다. 서울대에 수석 입학까지 했으니, 10대 내내 혹독한 훈련을 시켰던 어머니도 더 이상 간섭할 거리가 없지 않겠는가. 그러니 인생에서 가장 홀가분하게 자유를 누렸던 때가 바로 대학 시절이었다. 그리고 그때 조수미는 첫사랑인 K군을 만났다.

"완벽한 이상형을 만난 거예요. 제가 지금까지도 사랑의 기쁨과 고통, 외로움을 노래로 표현할 때 느끼는 소중한 감정을 이분이 저에게 주셨어요."

K군이 다니던 경영학과와 음대는 식당이 가까워서 둘은 점심시간마다 자주 만났다. 첫눈에 반한 수미가 얼마 되지 않아 사귀고 싶다고 고백했지만 그는 여자친구가 있다고 했다. 생각할 시간을 달라고 해서 대답을 기다리는 일주일 동안 피가 바짝바짝 말랐다. 밥이 안 넘어가고 잠도 안 오는 사랑의 열병이 바로 이런 건가 싶었다. 지금까지 원하는 것은 기어이 노력으로 쟁취했지만, 누군가의 마음을 얻는 일은 해답이 없는 어려운 문제였다. 가장 원하는 이의 마음에 닿는 경로는 불분명했고, 또 언제 가로막힐지 모르기에 두려웠다.

영원처럼 느껴지는 일주일의 기다림 후, K군은 여자친구를 정리했고 자신의 마음도 그와 같다고 답해왔다. 긴 세월이 흘렀는데도 그때의 기쁨과 행복은 여전히 빛바래지 않고 황홀하게 남아 있다. 그렇게 첫사랑과 연애를 시작하며 매일 새로운 행복을 누렸다. 하지만 수업도 제대로 듣지 않고 스무 살의 자유와 사랑을 만끽하다 보니, 입학할 땐 수석이었는데 1년이 지났을 땐 52명 중 꼴찌가 되어 있었다. 당시만 해도 졸업 정원제라고 해서 입학하고 1년 후에 성적이 좋지 않은 학생은 제적시키는 제도가 있었다. 결국 제적 대상자가 되었는데, 조수미는 아랑곳하지 않고 K군과 결혼하겠다고 주장했다.

"그 당시에는 음악이 그렇게 중요하지 않았어요. 중요한 건 바로 그 사람이었고 사랑이었거든요. 음악은 내가 원하면 언제든지 할 수 있다고 생각했어요. 그런데 사랑은 한 번 떠나보내거나 잃으면 다시는 못 얻을 것 같은 느낌이 들었죠."

하지만 수미의 생각과 달리 교수님도 부모님도 이대로는 재능이 너무 아깝다고 다그치더니, 이탈리아로 유학을 가면 어떻겠느냐는 얘기를 꺼냈다. 처음에는 말도 안 된다고 고개를 내저었다. 사랑이 여기에 있는데 가긴 어딜 간다는 말인가. 그런데 뜻밖에 K군이 조용히 유학에 동의했다.

"가는 게 좋겠어."

사실 그는 전형적인 80년대의 보수 마인드를 가진 남자라 여자는 남편이 벌어주는 돈으로 아이를 키우며 내조하는 게 좋다고 여겼다. 그런데 한번은 대학에서 학생들이 〈피가로의 결혼〉이라는 오페라를 공연했고 조수미가 주연을 맡아 열연한 적이 있었다. 그때 처음으로 조수미가 무대에서 노래

하는 걸 직접 본 K군이 미약하게나마 조수미라는 존재의 가능성을 느꼈는지도 모르겠다. 이 사람은 더 클 수 있는 사람이구나, 둘만의 세계에 머무르기엔 너무 큰, 더 넓은 세계로 나아가야 하는 사람이구나, 하고.

K군은 3개월의 유학 기간 동안 기다리겠다고 약속했고, 결국 조수미는 떠밀리듯 이탈리아 유학길에 오르게 됐다. 부모님이 배웅 나온 공항에서 K군은 저 멀리 기둥 뒤에 숨어 눈으로만 어려운 작별을 나눴다. 그렇게 만 스무 살이었던 1983년 3월 28일 새벽 3시, 조수미는 처음으로 이탈리아 땅을 밟았다.

내 삶에 음악을 들여놓기로 했다

조수미는 생애 처음으로 로마 공항을 밟았던 새벽 3시의 공기와 그날 입은 옷까지 선명하게 기억하고 있다. 부모님이 미리 현지 안내자와 약속을 해두었는데, 막상 도착했더니 공항에는 아무도 없었다. 전화도, 인터넷도 없이 무거운 짐만 양손 가득 든 채 혼자 타지에 떨어진 것이다.

할 수 없이 무작정 택시를 잡아탔다. 당장 가진 돈은 300달러뿐. 행선지도 없고 말도 통하지 않는 와중에, 머릿속에 영화 〈로마의 휴일〉에서 봤던 스페인 광장이 떠올랐다. 유일하게 아는 곳이라고 할 수 있으니 일단 광장으로 가 달라고는 했는데, 하필이면 비도 추적추적 내렸다. 주변을 둘러보다 가장 허름해 보이는 여관에 짐을 내려놓으니 새벽 5시였다.

"우산도 없는데 일단 밖으로 나왔어요. 비를 맞으면서 새벽 5시에 로마 거리를 걷는데, 와, 너무 좋은 거야. 무섭지 않았어요. 물론 생전 모르는 곳에 혼자 와서 나의 앞길이 어떻게 될 것인지 불안하긴 했지만 한편으로는 기대도 됐어요. 비를 맞으면서 베네치아 광장에 가니까 횃불이 막 타오르고, 그 옆에는 군인 두 사람이 우뚝 서 있었어요. 횃불을 보면서 '나도 이 나라에서 저 횃불처럼 뭔가를 보여줄 것이다. 3개월 동안 열심히 내 할 일을 해낸 뒤에 돌아가겠다.'라고 생각했죠."

결심을 한 다음 날, 당장 하숙집을 구하고 학교를 알아보느라 한시가 바쁘게 움직여야 했다. 바로 언어를 배우고 시험 준비도 하며 해야 할 일을 야무지게 하나씩 처리했다. 타의에 가깝게 억지로 온 유학길이지만 이왕 왔으니 뭔가는 보여주고 가리라는 확고한 다짐이 있었다. 더구나 좋지 않은 집안 형편으로 무리해서 유학을 온 것이기에 시간을 헛되이 쓸 순 없었다. 나중에 알았지만 유학 날짜를 정하고도 돈이 없어서 5일 전까지 비행기 표를 구하지 못했다고. 그렇게 꿈꼼히 마음을 여민 조수미는 유학 첫날부터 자신을 북돋기 위한 일기를 썼다.

3월 28일
1. 어떤 고난이 닥쳐도 꿋꿋이 이겨내며 약해지거나 울지 않을 것.
2. 절대 약하거나 외로운 모습을 보이지 않으며 늘 도도하고 자신만만할 것.
3. 온통 어학과 노래에 치중할 것.
4. 항상 깨끗하고 만족스러운 몸가짐과 환경을 지닐 것.
5. 말과 사람들을 조심하고 말과 행동을 분명히 할 것.

언어도 문화도 다른 유럽에서 홀로 막막한 현실을 꿋꿋이 버티려면 단단한 다짐이 필요하다는 것을 어린 조수미는 유학 첫날밤부터 막연하게 느꼈다. 이제 누구도 자신을 지켜줄 수 없으니, 스스로를 온전히 지키면서 언어와 노래에 최선을 다해야 했다. 물론 힘든 점도 있었다. 3개월 동안 첫사랑 K군을 볼 수 없다는 것, 무엇보다 가진 돈이 없으니 한 푼도 허투루 쓸 수 없다는 점이었다. 기본적인 의식주에 들어가는 비용은 물론이고 레슨비가 만만치 않았다. 레슨을 받으려면 연습을 해야 하는데 연습할 장소도 마땅치 않았다. 성악 연습을 하다 보니 이웃집에서 시끄럽다며 민원이 들어와 끊임없이 집을 새로 구해야 해서 유학 간 첫해에만 이사를 7번 했다. 궁핍한 생활도 힘들어지고 한국에 두고 온 사람들도 그리워 하루 빨리 돌아갈 날을 손꼽고 있는데 K군에게 편지가 왔다.

'우리 이제 그만 만나는 게 좋겠다. 여자가 생겼어.'

긴 세월이 지났는데도 그 편지를 읽는 순간의 감정은 조수미의 마음 한 켠에 생생하게 남아 있다. 침대 하나, 책상 하나만 단촐하게 놓인 조그마한 하숙방에 앉아 편지를 읽는데, '하늘이 무너져 내리는 게 이런 거구나.' 싶을 정도로 마음속 무언가가 와르르 뒤엉키며 쏟아졌다.

"나는 그때 내가 되게 무서운 사람이라는 걸 알았어요. 난 내가 엄청 울고 뭘 던지고 난리를 칠 줄 알았거든요. 근데 편지를 한 번 읽고 쇼크를 받은 다음 두 번째 읽기 시작하는데 갑자기 진정되면서 모든 세포가 제자리로 돌아가더라고요. 아, 그렇구나. 이제 내가 살아야 할 곳은 여기고, 나는 노래를 해야 하는구나. 편지를 접고 가만히 있었어요, 한 3시간 동안. 그래, 내가 내 인생의 길을 바꾼 거야. 음악으로, 그리고 노래로. 그래서 내가 여기 왔구나."

만약 그가 너무 보고 싶으니 빨리 돌아오라고 했다면, 그 편지를 읽은 조수미가 당장 한국으로 날아갔다면, 모든 게 달라졌을 것이다. 하지만 어려운 순간에 우리는 자신이 어떤 사람인지 알게 된다. 그 순간 조수미는 내면의 어떤 힘을 끄집어내어 새로운 결정을 내렸다. 이제 내 앞길은 음악이다. 알 수 없는 힘이 조수미를 음악으로 이끌어 세우는 듯했다. 그렇게 조수미는 아름다운 첫사랑의 기억을 접은 채 문을 닫고 걸어 나왔다. 스무 살의 뜨겁고 순수하며 어리석은 사랑의 끝자락에서, 조수미라는 삶에 노래를 오롯이 받아들이게 되었다.

> "저는 운명적인 기적을 믿어요. 첫 번째 기적은 저희 어머니가 저를 음악의 길로 인도해 주신 것이고, 두 번째 기적은 이 사람을 만나 제 삶이 달라졌다는 거죠."

꿈꾸던 첫 프리마돈나

제대로 공부하기로 마음먹은 뒤 조수미는 엔니오 모리코네(Ennio Morricone), 니노 로타(Nino Rota) 등 많은 유명 인사를 배출한 명문 학교 산타체칠리아 국립음악원에 입학했다. 그런데 입학시험을 보는 날, 반주를 맡아야 할 선생님이 아파서 나오지 못한 당황스러운 일이 생겼다. 70명이 넘는 학생들이 노래를 불러야 하는데 반주자가 없는 상황이었다. 한 교수님이 나오더니 '혹시 피아노를 칠 수 있는 학생이 있나요?' 하고 물었다. 조수미가 선뜻 손을 들었다. 어릴 때부터 그토록 열심히 쳤던 피아노 실력이 뜻밖의 순간에 빛을 발한 셈이다. 다른 학생들의 입학 시험곡을 전부 반주해주고 마지막으로는 스스로 반주하면서 노래를 불렀다. 당연히 만점으로 합격이었다.

그런데 입학을 하고 보니 한국에서 우수했던 조수미도 위기감을 느낄 만큼 노래를 잘 부르는 사람이 정말 많았다. 처음으로 자신보다 뛰어난 학생들을 보니 자존심이 상하고 경쟁심이 발동했다. 자국의 언어로 그들의 노래를 부르는 학생들보다 과연 더 잘할 수 있을까? 하지만 한국에서 여러 기본기를 잘 다지고 간 덕분인지, 조수미는 5년제인 산타체칠리아를 2년 만에 우수한 성적으로 조기 졸업하고, 유학 간지 3년 만에 주연 데뷔를 하기에 이르렀다.

오페라의 본고장인 이탈리아에서 생김새도 언어도 다른 동양인이 실력을 인정받으려면 그들과 비슷하게 잘해서는 어림도 없었다. 동양인치고 잘하는 게 아니라 월등히 뛰어난 실력을 보여줘야 했다. 거꾸로 외국인이 우리나라에 와서 판소리를 한다고 생각하면 금방 이해된다. 단순히 발음이나 기술이 좋아야 할 뿐 아니라 그 음악의 정서까지 완벽하게 이해해 우리를 놀라게 할 정도가 되어야 비로소 동등하게 경쟁할 수 있는 자격을 얻는 것이다.

조수미가 첫 주연을 맡은 작품은 〈리골레토〉라는 오페라였다. 이전까지는 단 한 번도 동양인이 그 나라 오페라의 주연을 맡은 적이 없었다. 사실 이방인이 무대에 선다는 것부터가 기적이었다. 하지만 캐스팅이 됐다 하더라도, 역시 현장의 분위기는 어쩔 수 없었다. 한 달의 리허설 기간 동안 지휘자, 무대 감독, 같이 공연하는 동료들의 얼굴에선 모두 조수미를 꺼리거나 무시하는 기색이 역력했다.

"동양인이랑 공연하는 게 처음이고, 한국을 조금도 몰랐을 때니까 모두 저에게 낯을 가리고 경계했어요. 또 제가 굉장히 어린 나이인 20대 초반에 데뷔를 했잖아요. 심지어 그렇게 큰 극장의 주인공을 맡았으니 저도 좀 당황스러운데, 그분들은 어땠겠어요. 그래서인지 그때 제게 어떻게 하라고 도움을 준 사람이 한 명도 없었어요. 이 길을 갔던 분들이니 뭔가 조언을 해줄 법도 한데, 아무도 그런 역할을 해주지 않더라고요."

심지어 연습을 할 때 지휘자가 동료들 앞에서 사사건건 노골적으로 핀잔을 주며 무시하기 일쑤였다. 다르게 생겼다는 이유로 그들의 문화를 이해하지 못하리라 생각하고 지레 거리를 두는 것이 억울하고 괴로웠다. 그 누구보다 이 배역을 위한 만반의 준비가 되어 있고, 이 공연을 멋지게 소화해

낼 자신의 모습이 너무나 선명하게 떠오르는데 그들에게는 다른 세계의 이방인일 뿐이었다.

마침내 데뷔 공연 날, 조수미는 무대에 오르기 전 의연히 장미꽃 한 다발을 지휘자에게 보냈다. 오히려 더 어른스러운 포용력을 보여주며 실력으로 존재감을 증명해내고 싶었다. 지휘자는 당황한 듯 급히 장미꽃 여섯 송이로 화답했다. 그렇게 준비 기간 내내 다소 불편하고 어색했던 분위기를 떨치고 무대 위에 서는 순간, 다른 모든 것은 중요하지 않았다.

'바로 이거야. 이게 내가 기다리던 거였어.'

조수미는 마침내 무대 위에 올라 그동안 준비한 모든 것을 기다렸다는 듯 펼쳐내 보였다. 이미 악보의 처음부터 끝까지, 작은 기호 하나까지도 완벽히 준비해 머릿속으로 수없이 되풀이한 무대였기 때문에 자신감에 충만해 떨리지도 않았다. 데뷔 무대인데도 어색하지 않았고, 드디어 있어야 할 제자리를 찾은 듯 온몸의 세포가 생생히 살아 움직였다. 조수미의 카덴차는 사람이 낼 수 없을 것 같은 소리와 끊어질 듯 우아하게 이어지는 기교로 관객들이 숨 쉬는 것도 잊은 채 무대에 몰입하게 만들었다.

그렇게 조수미는 이탈리아 5대 극장의 하나인 트리에스테 베르디에서 성황리에 데뷔했다. 신인으로 무대에 올랐지만 내려올 땐 프로의 탄생이었다. 무대가 끝나자 동료들이 자신이 받은 꽃다발을 모두 조수미에게 안겨주며 아낌없는

축하를 퍼부었다. 지금까지의 불편함과 어색함은 완벽한 무
대 앞에서 눈 녹듯 사라져 내렸다. 낯설던 동양인이지만 이
제 진정한 동료로 받아들이고 존중하지 않을 이유가 없었다.

공연 다음 날 어머니에게 전화해 소식을 알리자 누구보
다 기뻐했다. 현장에서 볼 수 있었다면 더할 나위 없이 좋았
을 테지만, 경제적인 여건 등으로 이탈리아까지 올 수 있는
상황은 아니었다. 하지만 어머니가 그토록 바라던 프리마돈
나의 모습을 이루었다는 데서 오는 기쁨과 뿌듯함은 생생하
게 느껴졌다.

"옛날부터 하던 놀이가 있어요. 셈 치기 놀이라고, 어릴 때
제가 원하는 걸 완벽하게 다 가질 수 없으니 어머니가 '있
는 셈 치자.'라고 했거든요. 예를 들면 크리스마스인데 트
리를 살 형편이 못 되니까 '트리가 있는 셈 치는' 거예요.
그럼 갑자기 눈앞에 너무 아름답고 반짝거리는 트리가 나
타나곤 했어요. 그러니까 그날도 사실 제가 생각지도 못한
멋진 카덴차와 노래를 잘 할 수 있었던 건, 어머니가 있는
셈 쳤기 덕분이었어요. 앞에 이 노래를 들어야 할 어머니
가 보이니까 평소보다 힘이 나고 훨씬 잘할 수 있었어요."

세 번째 기적, 카라얀과의 인연

　오스트리아 잘츠부르크에서는 이런 말을 한다. "잘츠부르크는 카라얀이 태어난 곳이다. 그리고 모차르트가 태어난 곳이기도 하다." 모차르트보다도 우선으로 칠 정도로 헤르베르트 폰 카라얀은 전무후무한 최고의 지휘자이자 세계적인 명성을 떨친 클래식의 거장이다. 그리고 조수미와 카라얀의 만남은 또 다른 기적이라 할 정도로 운명처럼 이루어졌다.

　첫 데뷔 무대였던 〈리골레토〉의 캐스팅 담당자가 카라얀과 가장 친한 친구였는데, 조수미의 데뷔 무대를 본 뒤 그는 카라얀에게 "코리아에서 온 작은 소프라노의 노래를 한번 들어보는 게 어떻겠느냐?"고 제안했다. 마치 하늘에서 지켜보던 누군가가 조수미를 카라얀에게로 이끌어준 것처럼, 어떻게도 설명할 수 없는 놀라운 인연이 그렇게 맺어졌다.

　"지금 생각해도 정말 신기해요. 사람이 자신에게 무슨 일이 생기면 '이런 일이 왜 나에게 벌어지지?'라고 생각하잖아요. 그런데 시간이 지나면 이해돼요. 왜 그 일이 벌어져야 했는지. 저는 항상 그렇게 답을 찾으려고 하는 편인데, 이 경우에는 정말 설명이 안 돼요. 어떻게 그 두 분이 연결되어 있었고, 또 제가 어떻게 카라얀을 만날 수 있었는지."

처음 카라얀의 공연에 오디션을 보러 간 수미의 눈앞에는 가족보다 더 익숙한 남자가 있었다. 어린 시절 수미의 작은 방에는 '베를린 필하모닉 관현악단'를 지휘하는 카라얀의 포스터가 커다랗게 붙어 있었다. 아침에 일어나면 "굿모닝, 마에스트로!" 하고 인사했고 밤에 잠들 때면 "굿나잇, 마에스트로!" 하고 인사했다. 여태껏 수미에게 카라얀은 가장 가까운 친구이자 가족 같은 존재였다.

무대에서 노래를 부른 뒤 관중석에서 지켜보던 카라얀 앞에 선 조수미는 먼저 한마디를 건넸다.

"마에스트로, 캔 아이 터치 유어 헤어?(머리카락 좀 만져 봐도 돼요?)"

아침저녁으로 보던 포스터에서 튀어나온 듯한 카라얀의 머리카락은 아기의 그것처럼 가느다랗고 부드러웠다. 높은 하늘을 담은 듯 새파란 눈동자와 마주하니 정말 사진 속 그 사람이라는 사실이 실감 났다. 이 동양에서 온 소녀는 싱긋 웃었다.

"그거 아세요, 마에스트로? 아침에 당신에게 굿모닝 인사를, 저녁에는 굿나잇 인사를 하는 사람이 누구인지? 바로 저예요."

그 당돌한 말을 들은 카라얀이 놀라며 둘 사이에 있던 긴장감이 사라졌다. 그렇게 두 사람은 50년이 넘는 나이 차이를 아랑곳하지 않고 친구가 됐다.

카라얀은 그 자리에서 이번 여름에 무슨 계획이 있냐고 묻더니, 지금 준비하고 있는 가면무도회에서 '오스카'라는 중요한 배역을 맡아달라고 제안했다. 유명한 테너인 플라시도 도밍고와 함께하는 배역으로, 그야말로 인생 역전 급의 캐스팅이었다.

"그분은 독수리 같은 느낌이랄까요? 그 사람의 손짓, 의상, 표정 하나까지 모든 걸 매의 눈으로 지켜보면서 자신이 생각한 완벽한 그림을 만들어요. 음악적으로는 완벽주의자면서, 개인적으로는 저를 손녀딸 같이 대해주셨어요."

두 사람은 음악적인 고민뿐 아니라 개인적인 삶의 고민도 털어놓고 교감을 나누며 이해하는 관계였다. 가족도 친구도 없이 타지에서 혼자 지내고 있는 조수미와 부족한 것 없이 모든 명예와 영광을 누리고 있는 카라얀이었지만, 서로만이 이해할 수 있는 외로움과 희망이나 슬픔이 있었다.

유명한 에피소드로 한번은 조수미가 오스카라는 남자 시종 역을 연습하다가 술잔의 물을 쏟아 옷이 젖은 적이 있다. 그러자 카라얀이 감기에 걸린다며 수미를 곁으로 부르더니 메고 있던 스웨터를 주며 갈아입도록 했다. 수미는 그 옷을 입고 숙소까지 갔는데 재미있게도 스웨터에 구멍이 나 있었다. 부족함 없이 뭐든 다 가질 수 있는 분이 구멍 난 스웨터를 들고 다닌다니 짐짓 우스웠다. 다음날 스웨터에 구멍이 난 걸 보여줬더니 카라얀이 멋쩍어하며 너무 좋아하는 옷이라 여러 번 기워 입었다고 고백했다. 조수미는 불현듯 "저 이거 가질 수 있어요?" 하고 물었다. 카라얀은 잠시 생각하는가 싶더니 흔쾌히 스웨터를 손녀딸 같은 조수미에게 선물했다.

"돌아가시기 바로 전날까지도 제가 같이 있었어요. 그날도 함께 저녁까지 연습을 하고 부축해 드리면서 오늘 푹 주무시라고, 내일은 일요일이니까 연습 없는 거 아시죠? 하면서 헤어졌죠. 그런데 다음 날, 강아지와 호수 근처를 산책하고 집에 왔더니 텔레비전에 카라얀 이야기가 계속 나오는 거예요. 그 당시만 해도 독일어를 잘 몰라서 무슨 이야기를 하는지 신경 쓰지 않았는데, 천천히 보니까 돌아가셨다는 거예요, 카라얀이."

카라얀의 죽음은 단순히 유명한 지휘자의 끝이 아닌, 오스트리아라는 국가 전체의 슬픔이자 전 세계 음악을 사랑하는 모든 이의 상실이기도 했다. 잘츠부르크 전체가 카라얀을 잃은 슬픔에 젖은 상황이었지만 당장 일주일 후가 공연이었다. 오래 준비하고 고대한 무대였지만 카라얀이 없는 지금, 도저히 그가 없는 무대에는 서고 싶지 않았다. 조수미뿐 아니라 다른 가수들도 마찬가지였다. 많은 이가 공연 거부를 선언했을 때, 유명한 마에스트로 게오르그 솔티(Georg Solti)가 기적적으로 나타나 공연을 이어받겠다고 가수들을 설득했다. 카라얀은 떠났지만 그가 원했던 오페라를 우리가 완성시키자는 것이었다.

그렇게 카라얀이 마지막으로 준비했던 무대의 막이 올랐다. 절묘하게도 왕의 죽음을 노래하는 공연이었다. 음악의 제왕이던 카라얀의 죽음이 겹쳐 보여 끝내 눈물을 흘리며 공연을 마쳤다. 짧은 시간이었지만 많은 사랑을 준 사람이 이렇게 떠나는구나, 하고 조수미는 그에게 바치는 마지막 노래로 다시 한 번 깊이 애도했다.

모든 음악이 내게는 기쁨이었다

한국의 조수미를 세계에 알리는 데 큰 공헌을 한 무대는 역시 《마술피리》의 〈밤의 여왕〉이다. 누구나 한 번쯤 따라 흥얼거려봤을 법한 유명한 아리아지만, 기술적으로 인간이 부르기 어려워서 이 아리아를 소화할 수 있는 소프라노는 세계에서도 손에 꼽을 정도다. 카라얀조차 성대에 무리가 갈 수 있으니 오래 노래하려면 그 곡은 자주 부르지 말라고 당부했다. 하지만 많은 관객이 조수미가 소화하는 밤의 여왕을 보고 싶어 해 세계를 돌며 정말 많이 부른 아리아이기도 하다.

"〈밤의 여왕〉은 연출자들이 스펙터클한 여왕의 등장을 원하다 보니 메이크업부터 코스튬까지 항상 엄청나요. 커다란 왕관에 거의 25kg짜리 의상을 입고 부르기도 하고, 무대 위를 날아다니거나 무대 밑에서 튀어나오며 그 고음을 소화해야 하죠. 정말 살이 쭉쭉 빠질 만큼 힘든데, 나 자신을 계속 시험대에 올리고 끊임없이 도전하는 재미로 하는 것 같아요."

다만 이 곡 외에도 자신 있고 사랑하는 다양한 작품이 있는 만큼, 조수미를 대표하는 오페라가 〈밤의 여왕〉이라는 한 곡에 집중되어 아쉬운 마음도 있다. 특히 오페라 《호프만의 이야기》〈인형의 노래〉에서는 태엽을 감아 돌아가는 인형 연기를 선보이기도 했는데, 코믹한 연출과 인형처럼 움직이면서도 흔들리지 않는 고음이 인상적이다. 보통 사람들이 생각하는 오페라의 진중한 분위기와 달라 어디서나 앙코르를 할 정도로 인기 있는 무대다.

조수미는 동양인 최초로 서른 살 전에 '세계 5대 오페라 극장 석권'이라는 놀라운 기록을 세웠다. 뉴욕 메트로폴리탄 오페라 하우스, 빈 국립 오페라 극장, 파리 바스티유 오페라 극장, 런던 로열 오페라 하우스, 밀라노 라 스칼라 극장까지, 유학 간 1983년으로부터 정확히 10년 만에 모든 무대 위에 올랐다.

세계적인 성악가들이 완벽한 무대를 선보였던 전통적인 극장들이기 때문일까. 라 스칼라 극장의 경우 관객들조차 굉장히 까다롭기로 유명하다. 완벽한 레벨의 무대를 봐왔기 때문에 조금만 실수해도 바로 야유를 보낼 정도로 '얼마나 잘하는지 보자'라는 식의 냉정한 비평을 한다.

"나는 오히려 그런 눈빛을 즐겨요. 야유는커녕 숨소리도 못 낼 정도로 잘해주겠다는 투지가 생기죠. 특히 외국인이라고 선입견을 품은 시선을 보면 더 전투적으로 변해요."

그곳에서의 공연 역시 성공적으로 끝냈고 반응도 좋았다. 어떻게 보면 가장 냉정한 무대에서 검증받은 셈이다. 5대 극장 모두에 오르며 세계 최고의 프리마돈나로 굳건히 자리 잡았지만, 조수미는 최고의 자리를 만끽하기보다 앞으로 걸어야 할 다음 단계를 생각했다. 이미 어딜 가나 '코리아 소프라노'라는 타이틀이 붙을 때였기에 한국을 대표해 모든 무대에서 최고의 역량을 보여줘야 한다는 책임감을 느꼈다. 코리아 소프라노 조수미가 얼마나 대단한지 세계에 알리는 것이 새로 세운 목표였다.

"보통 성악가들은 고정적으로 하는 역할이 있어요. 저 같은 경우에는 아까 이야기했던 〈밤의 여왕〉만 계속하면 평생 편하게 잘 살았겠죠. 돈도 많이 벌고. 그런데 저는 그렇게 안전하게만 가기는 싫어요. 그래서 매번 곡을 바꿔요. 내가 할 수 있는 일이 뭔지 항상 탐색하죠. 꼭 오페라나 클래식이 아닌 다른 음악에도 욕심이 많았어요."

조수미는 오페라 성악가라는 타이틀에 그치지 않고 대중과 소통하고자 다양한 장르로 영역을 넓혀 대중가요, 크로스오버, OST 등 여러 장르의 앨범을 발매했다. 오페라계는 보수적이었기 때문에 대중가요를 하는 성악가를 좋게 보지는 않았다. 하지만 조수미에게 성공이란 도전과 맞닿아 있었다. 내가 무엇을 원하고 어떤 일을 할 수 있는지 생각해 도전하고, 실패도 해봐야 진정한 성공을 만끽할 수 있지 않을까.

"보통은 클래식 음악가가 클래식만을 고집한다고 생각하는데 전 아니에요. 모든 음악을 좋아하고, 다른 세계와 장르에 속한 사람과 같이 음악 하는 일 자체가 기쁨이에요."

새로 마주한 세계

노래를 하면서 가장 감사하고 소중한 일은 음악으로 전세계 사람들이 하나가 되는 모습을 직접 볼 수 있다는 점이다. 피나는 연습을 한 뒤 무대에서 최상의 목소리를 선보였을 때, 관객이 노래를 귀와 마음으로 들으며 교감하는 모습이 보이곤 한다. 우리가 느끼는 모든 감정을 내가 가장 아름답게, 잘 표현하는 방법으로 재해석해 세상에 보여주는 일은 늘 놀라운 감동으로 이어졌다.

하지만 한편으로는 많은 시간을 홀로 여행하며 보내기에 외롭고, 가족과 함께하는 시간이 부족해 힘들기도 하다. 흔히 조수미의 목소리를 '신이 내린 재능'이라고 말하지만 어떤 훌륭한 악기도 꼼꼼한 조율과 관리, 연주자의 노력 없이는 멋진 소리를 낼 수 없는 법이다. 신이 목소리를 주었다 한들 그 목소리를 세공하여 예술로 만든 것은 조수미였다. 엄청난 연습과 준비 없이는 최고가 될 수 없다. 성악가로서 최상의 컨디션으로 최고의 노래를 부르기 위해서는 일상의 모든 순간까지도 오직 무대를 위해 준비해야 했다.

감기에 걸리면 안 되기 때문에 샤워 후에도 물 한 방울 남기지 않고 즉시 몸을 다 말리고, 절대 맨발로 다니지도 않았다. 바이러스 감염을 철저히 차단하는 데에 모든 일상의 초점을 맞췄다. 조수미로 사는 것이란, 평범한 일상을 뒤로하고 1년에 300일을 호텔방에서 깨어나며 늘 완벽한 컨디션을 유지하는 일이었다. 어찌 보면 당연한 일상의 포기가 조수미라는 세계를 만든 셈이다.

30년 넘게 공연을 하면서도 뒤풀이에는 한두 번 가봤다.

대개 공연이 끝난 뒤에는 거울을 보며 조용히 오늘 공연을 차근차근 되짚어 본다. 잘했을 때의 뿌듯함보다는 연습만큼 해내지 못했을 때의 아쉬움이 더 크게 떠오른다. 만족보다는 완벽한 결과를 위해 끊임없이 스스로를 채찍질하는 것이 최고의 소프라노에게는 더 익숙한 되새김이다. 그런데 음악과 나 둘뿐이던 조수미의 고립된 세상에 언제부턴가 더 큰 세상이 다가와 눈을 마주쳤다.

"어느 정도 성공을 이룬 뒤에는 더 큰 무대에 서야겠다는 목표보다 나 자신과의 싸움이었어요. 오직 내가 원하는 음악을 위해서 저만의 고립된 섬에서 끝없이 연습하고 매달렸어요. 그러다 가끔 빼꼼 문을 열고 세상을 슬쩍 둘러보면 여기저기 시끄럽고 정신없는 모습이 보여요. 그럼 못 본 체하고 얼른 문을 닫고 악보를 들여다보고 무대를 준비하면서, 그렇게 살았어요."

늘 음악과 나만의 섬에서 몰두하던 조수미는 어느 날, 문을 열고 나가 그동안 모르던 세상의 얼굴을 덜컥 마주하고 말았다.

"저는 음악이 모든 걸 다 치유할 줄 알았어요. 내가 음악을 잘하면 내 세상은 언제나 아름다울 것이고, 온 세계가 음악이 주는 혜택을 받겠지 하고 생각했죠. 그런데 그게 아니더라고요. 음악은 사치일 뿐, 당장 의식주가 급한 사람이 세상에 너무 많았어요."

그동안 막연하게 알면서도 외면했던 세상이었다. 당장 연습이 바빴고 나에게 주어진 책임을 완수해야 했다. 세계를 돌아다니면서 사람들의 힘든 삶을 들여다보는 것은 두렵고 피하고만 싶은 일이었다. 터닝 포인트는 브라질 공연을 준비하던 때였다. 언제나처럼 호텔에서 컨디션 관리를 하며 다음 날 공연을 준비하는데 친구가 빈민촌 '파벨라(Favela)'에 가보지 않겠느냐고 제안해왔다.

위험할 수도 있겠다는 걱정에 거절했지만, 그래도 한번 가보는 게 좋겠다고 친구가 재차 권해서 용기를 내어 빈민촌에 발을 디뎠다. 그리고 눈앞의 현실에 기가 막혔다. 아이들이 씻지도 못한 채 맨발로 걸어 다니고, 집 안은 사람이 살기 어려울 정도로 지저분하고 참담했다.

"그곳에서 돌아오면서 많은 걸 느꼈어요. 내가 이 사람들한테 줄 수 있는 게 뭘까? 내가 가서 아름다운 음악을 한다고 한들 이 사람들이 과연 그걸 느낄까? 당장 먹을 게 없을 텐데. 솔직히 그즈음에 굉장히 힘들었어요. 그 광경을 보고도 저는 아주 럭셔리한 호텔에서 습도를 맞춰 목 컨디선을 조절하고, 아름다운 무대에 서서 노래를 불러야 했어요. 이건 옳지 않다는 생각이 들더라고요."

눈과 귀를 닫았던 시간이 참 길었다는 사실을 깨달았다. 지금까지 해온 완전무결한 음악은 이 세상에 어떤 의미였을까. 이제는 나만의 섬에 갇혀 있지 말고 밖으로 걸어 나와야겠다는 결심이 들었다. 그 이후로는 유네스코 자선 콘서트를 하거나 재능기부로 아이들을 가르치는 등 도움이 될 만한 여러 활동을 찾아 시작했다. 세상을 정면으로 마주해 외면하던 세계와 소통하기 시작하니 또 다른 삶의 기쁨이 다가왔다.

이렇게 적당히 하는 법 없이 온 힘을 다해 살아온 조수미의 매 순간은 스스로를 더 나은 사람으로 만들었다. 누군가에게는 버겁고 때론 괴로울 수 있는 순간조차 조수미에게는 모두 값지고 소중한 날들이었다.

자신에게 스며든 음악의 기적을 무대에서 펼쳤듯, 오늘도 조수미의 노래가 누군가에게 기적으로 가 닿고 있지 않을까. 음악은 언제나 알맞은 자리에서 놀라운 힘을 발휘하니 말이다.

"제가 쓴 노래 중에 〈안녕 스무 살〉이라는 곡이 있어요. 그 곡에 '사랑이 쉬웠던 시절, 약속도 쉽던 나날들'이라는 가사가 나와요. 나이를 먹고 돌아보면 스무 살의 사랑이라는 게 그랬던 것 같아요. 그때는 좋으면 이 사랑이 나의 전부예요. 그러다 보니 약속도 참 많아요. 같이 살자, 나는 앞으로 너랑 영원할 거야. 지금 생각해보면 앞으로의 내 인생도 한 치 앞을 모르는데 그런 약속을 한다는 건 말이 안 되잖아요. 그런데 그 시절의 사랑엔 그런 힘이 있었던 것 같아요. 그때의 들뜨고 빛나는 순간이 전부였던 서툰 기억을 가지고 제가 아직도 사랑에 대한 감정을 노래하고 만들고 있더라고요. 조수미 선생님이 간직한 첫사랑의 기억도 그런 느낌이었을까요?"

조수미

✕

유희열

3

기회를 잡기 위해
노력하세요

∞

평범함을 빛내는 방법

지코(ZICO)

7인조 남자 아이돌 그룹 블락비의 리더이자 메인 래퍼를 맡고 있으며, 직접 모든 곡을 작사, 작곡하기로 유명한 프로듀서. 블락비의 〈난리나〉, 〈닐리리맘보〉, 〈HER〉 등 그룹 히트곡과 솔로곡인 〈Tough Cookie〉를 직접 프로듀싱했으며, 2015년 힙합 오디션 프로그램인 〈쇼미더머니〉 시즌 4에는 참가자가 아닌 심사위원으로 등장하면서 새로운 음원 깡패의 등장을 알렸다. 이후 〈아무노래〉, 〈너는 나 나는 너〉, 〈Artist〉 등 히트곡을 연달아 제작하며 프로듀싱 실력을 인정받았다. 대세 솔로 가수로서 〈놀라운 토요일〉, 〈런닝맨〉, 〈문제적 남자〉 등 예능 프로그램에도 출연하며 활발히 활동하고 있다.

"저에 대한 편견이 많았어요.
'네가 심사를 할 수 있겠느냐'라는
자격 논란이 거셌으니까,
제대로 증명하지 못하면 한 방에
제가 끝날 수도 있겠다는 생각도 했죠.
격투기 선수들은 경기 중에 펀치가 날아와도
눈을 안 감잖아요, 피하려고.
저도 그런 연습을 충분히 해왔어요.
눈을 감지 않겠다는.
편견이 클수록
오히려 실력으로 이기면 된다고
생각했어요."

일본의 베스트셀러 작가 무라카미 하루키는 매일 같은 시간에 일어나 정해진 시간에 글을 쓰고 일정하게 잠자리에 드는 규칙적인 생활을 고수한다고 한다. 창작하는 사람들은 뭔가 특이한 삶을 살고, 남들이 하지 않는 일을 할 것 같은데 생각보다 단조롭다. 대한민국의 가장 핫한 래퍼인 지코도 비슷하다. 힙합이라고 하면 스웨그 넘치면서 디스가 난무하는 거친 삶이 떠오르는데, 지코는 평범하고 심지어 착실한 청년이다. 타고난 천재인 것 같지만, 그 뒤에는 자신이 세상에 꺼내놓는 이야기를 모범생처럼 진지하게 고민하고 구현하는 노력이 있었다.

아이돌에서 프로듀서로

아이돌로 데뷔한 가수가 이렇게까지 성공적인 프로듀서로까지 이름을 알린다는 게 흔한 일은 아니다. 지코는 블락비의 거의 모든 곡을 작사, 작곡하며 〈난리나〉, 〈닐리리맘보〉, 〈Very Good〉 등 여러 히트곡을 선보였다. 솔로로도 〈Boys and girls〉와 〈너는 나 나는 너〉 등을, 힙합 오디션 프로그램인 〈쇼미더머니〉에서도 다수의 곡을 히트시킨 바 있다. 2020년에 발매된 싱글 〈아무노래〉는 SNS에서 '아무노래 챌린지'를 유행시키며 거의 대한민국을 휩쓸었다고 할 만큼 큰 사랑을 받았다.

공연을 할 때도 지코는 춤, 노래, 연출, 조명, 동선, 공연 구성에 따른 편곡까지 총괄하며 직접 프로듀싱하는 완벽주의자로 유명하다. 자신의 기준에 충족하는 최상의 공연을 만들려는 욕심이 있다 보니 '적당히'로는 만족할 수 없는 것이다. 공연을 마치고 나서도 더 보여주지 못해 아쉬워할 정도라, 자신을 몰아붙이며 스트레스를 받을 법도 한데 오히려 그것조차 즐기는 편이란다. 마치 운동을 할 때 정말 더 이상은 못 하겠다 싶을 만큼 힘든 상황에서 '마지막 한 번만 더'를 해내고 나면 근육이 생기고 뿌듯해지는 현상과 비슷하달까.

"귀찮고 번거롭더라도 이 단계를 넘어가면 내가 더 레벨 업 되고, 앞으로도 그 상태가 기본값이 되니까 번거로움이 주는 이점을 지혜롭게 사용했어요. 물론 근육이 파열될 정도로 극도의 고통을 느끼고 다칠 수도 있겠다는 생각이 들면 그만두겠죠. 하지만 제가 할 수 있는 영역에서 계속 성장하는 게 힘들기보단 즐거워요."

아이돌로 시작해 프로듀서로 이름을 날리게 될 줄은 지코 자신도 예상치 못했다. 처음에는 힙합을 하는 래퍼가 되어야겠다는 생각이었는데, 회사에서 갑자기 아이돌을 해보는 게 어떠냐고 제안했다. 사실 아티스트를 꿈꾸는 뮤지션

중에는 아이돌에 대한 편견을 가진 경우도 많다. 하지만 지코는 오히려 자신이 발휘할 수 있는 능력의 테두리를 넓히는 새로운 도전이라고 생각했다. 실제로 지코의 성공 비결 중 하나는 힙합과 아이돌의 중간 지점에서 대중이 원하는 바와 마니아들이 원하는 요소가 골고루 맞물리며 시너지가 난 덕분이기도 하다.

"사실 어릴 땐 내가 이 분야에 대해 어느 정도 감각이 있다고 생각하면 자아도취 되기도 쉽잖아요. '나는 실력 있는 뮤지션이 될 거다. 아이돌은 안 하겠다.' 그렇게 생각할 수도 있지만 저는 발상의 전환을 했던 것 같아요. 제가 하는 음악의 느낌이나 마이너적 성향이 당시 주류 문화에서는 찾기 힘들었거든요. 이런 캐릭터가 아이돌로 등장하면 독창적일 것 같고, 이례적인 케이스를 만들 수 있겠다는 호기심이 생겼어요."

하지만 중소기획사에서 데뷔해 어려움도 있었다. 직접 작곡부터 프로듀서까지 맡은 것도 사실 '생존을 위해서'였다. 소속사가 프로덕션 회사와 매니지먼트 회사로 분리되면서 회사의 작곡가, 작사가, 프로듀서들이 모두 그만둔 것이다. 블락비의 첫 번째 미니앨범을 발매한 뒤였는데 다음 앨범의 곡을 만들어줄 사람이 없었다. 회사의 규모가 컸다면 유명한 작곡가에게 외주로 곡을 받아올 수도 있었겠지만, 중소기획사이다 보니 곡의 퀄리티에 한계가 있었다. 원하는 퀄리티의 곡이 아닌데 이 곡으로 활동을 할 수는 없다며 지코는 완강하게 거부했다. 음악을 많이 들어 듣는 귀는 있는데 만들 줄을 몰라 답답했다. 그때부터 발로 뛰며 프로듀싱을 배우고 직접 곡을 만들기 시작했고, 처음으로 나온 노래가 바로 〈난리나〉라는 곡이었다.

만약 그때 좋은 곡을 만들지 못했다면 마음에 차지 않는 곡으로, 콘셉트와 맞지 않는 의상을 입고 흐지부지하게 활동하고 지는 별이 되었을지도 모른다. 무조건 블락비라는 팀에 어울리는 길을 찾아야 한다는 절실함이 있었기에 작곡을 했다. 곡을 만들어도 회사에 활동 콘셉트를 정해주는 사람이 없었기 때문에, 어떤 의상을 입고 어떤 뮤직비디오를 찍을지, 어떤 안무 퍼포먼스를 보여줄지도 전부 직접 정해야 했다. 곡을 만들어도 해석하고 향상시켜줄 인력이 없으니 그 단계까지도 결국 지코가 직접 하게 됐다. 말 그대로 '생존형 프로듀서'였던 셈이다.

앨범 콘셉트부터 뮤직비디오, 안무, 의상까지 직접 정보를 수집해 가면서 차곡차곡 만들다 보니 준비한 곡에 애정이 쌓이는 것은 물론이고 점차 자신감도 붙었다. 누구보다 곡과 콘셉트를 잘 이해했고, 자신과 확신이 있는 만큼 대중 앞에 당당히 선보일 준비가 되어 있었다.

하지만 가요계에서 살아남는 일은 생각 이상으로 어려웠다. 아무리 맛있는 음식점이라도 골목 구석에 숨어 있으면 단번에 많은 사람이 찾기 어렵다. 꾸준히 입소문을 내서 손님들이 찾아오기를 기다리는 수밖에 없다. 중소기획사의 상황도 비슷했다. 무대 위에서 4분짜리 한 곡을 끝까지 보여주는 일조차 쉽지 않았다. 곡을 절반밖에 보여줄 수 없을 때도 있고, 관계자들에게 대놓고 무시당하는 서러움도 있었다.

"하지만 그 시절의 제가 지금의 저를 만들었다는 생각이 들어요. 누군가 밀어주고 더 높이 뜰 수 있도록 받쳐주는 도약의 발판이 되어줬다면 저는 이 자리에 없었을지도 몰라요, 아마."

음악에 대한 확신을 가지고 계속 알리다 보니 마침내 반응이 오기 시작했다. 2013년에 발매한 〈Very Good〉이 처음으로 지상파 1위를 차지했고, 다음 해에 발매한 〈HER〉도 약 한 달간 멜론 차트에 머무르는 의미 있는 성과를 냈다.

영감은 어디에서 올까

미국의 심리학자 칙센트미하이(Csikszentmihalyi) 교수는 창의성을 발휘하기 위한 5단계를 호기심, 잠재, 발견, 숙성, 완성으로 설명한다. 창작물은 처음부터 완성된 형태로 떠오르지 않는다. 오히려 내 안에 잠재된 여러 요소가 새로운 자극과 만났을 때 우연히 결합하면서 발견되는 경우가 많다. 영감을 얻으려면 잠재된 코드를 유심히 들여다보는 것보다 여러 요소가 결합할 수 있는 계기와 타이밍을 기다리는 편이 더 효과적일 수 있다는 것이다. 우리가 책상 앞에 앉아 뭔가 떠올리기 위해 애쓸 때보다 샤워하거나 산책할 때 나도 모르게 좋은 생각이 떠오르는 것도 같은 원리다.

프로듀서로서 수많은 곡을 창작하다 보면 어디서 새로운 영감을 받을지, 어떻게 나만의 감성과 방식으로 풀어낼지 계속해서 생각할 수밖에 없다. 어떨 때는 필요한 순간 적절한 멜로디가 불현듯 머릿속에 떠오를 때도 있었다. 〈Okey Dokey〉라는 곡은 화장실에서 볼일을 보고 변기 물이 내려가는 소리에 영감을 받아 작곡했다. 머릿속에 갑자기 메인 루프가 떠올라 바로 휴대폰 건반 어플과 녹음기를 켜 음계를 찍었고, 그대로 작업실에 가져가 곡을 뚝딱 만들어냈다.

운이 좋은 걸 수도 있고, 어쩌면 애초에 운이 좋아야 영감을 받을 수 있는 것인지도 모른다. 가끔은 낚시처럼 떡밥을 늘어뜨리고 가만히 기다리다 보면 입질이 오듯 툭 걸려 올라오는 영감도 있었다. 하지만 물론 아무것도 떠오르지 않을 때가 가장 많다.

"벌써 곡을 쓴 지 10년이 넘었는데, 그동안 창작에 몰두하고 매진했는데도 불구하고 여전히 적응이 안 될 때가 많아요. 제가 이 과정을 접하면서 생긴 노하우 같은 게 잘 발휘될 때도 있는데 어느 순간에는 새하얗게 까먹을 때도 있어요. 잘 풀릴 때는 '와, 나 좀 잘하는 것 같아!' 생각하다가도 안 될 때는 '뭐야? 도대체 지금까지 어떻게 해온 거지?' 싶기도 해요."

다른 가수들에게도 곡을 주며 활발하게 작업하다 보니, 때로는 내가 가진 소스가 바닥났다는 느낌이 들 때도 있다. 그러다 보면 무심코 이전에 쓴 가사와 비슷한 메시지나 구성을 다시 반복하는 경우도 있는데, 이를 피하기 위해 강박적일 정도로 스스로 많은 검열을 한다.

"영감을 받으려고 책을 읽거나 영화도 즐겨 봐요. 원래 책을 많이 읽는 편은 아니었는데, 일부러 많이 읽으려고 노력했어요. 창작하는 데 인풋이 되게 중요하다는 생각이 들더라고요."

가사를 쓰면서 점점 더 모르는 새로운 내용을 받아들이고 채우는 과정이 정말 중요하다는 사실을 알았다. 작사는 결국 글을 쓰는 일인데, 문득 자신이 가지고 있는 단어가 충분히 많지 않다는 생각이 들었다. 요리를 하려면 재료가 필요하다. 그런데 재료가 몇 가지뿐이면 아무리 많은 요리를 해도 맛이 비슷해질 수밖에 없다. 내가 표현하고 싶은 맛이 머릿속에 있는데 재료가 부족해 온전히 꺼내놓을 수가 없어 답답했다. 그래서 책을 많이 읽으려고 노력했다. 한 권을 진득하게 읽기 어려워 단편 중심으로 읽으면서 언젠가 내가 표현하고자 하는 구절이 될 재료를 채웠다.

가진 것을 소모하기만 하면 언젠가 반드시 한계가 온다. 세상을 향해 꺼내놓고 싶은 이야기, 말하고 싶은 메시지의 불씨에 적절한 장작을 넣어 에너지를 더하는 게 프로듀서의 일이다. 세상과 소통할 수 있는 다양한 방식 중 음악은 지코에게 가장 신나고, 재미있고, 또 잘 맞는 수단이었다.

아날로그가 간직하고 있는 기억

지코의 가사에는 '음악인의 자세 고 김광석께 경례', '스틸 인스파이어드 바이 김성재(still inspired by 김성재)' 등 92년생인 지코가 태어나기 전의 가수들을 언급하는 부분이 종종 있다. 롤모델로 서태지, 이현도, 김성재 등 1990년대 초반 뮤지션들을 꼽을 정도로 지코는 예전 음악을 좋아하고 많이 듣는다.

"옛날 음악을 좋아해요. 아무래도 창작을 하다 보면 새로운 흐름을 놓치지 않기 위해 늘 트렌드를 주시해야 하거든요. 어떻게 보면 발전할 수 있는 계기지만, 한편으로는 늘 새로운 것만 좇아 내 한계를 설정하는, 좋지 않은 습관처럼 느껴지더라고요. 그래서 '뒤돌아서 반대쪽으로 가면 어떨까?' 하는 생각을 했어요. 앞으로 가면 기다려야 하잖아요. 계속 경계하고, 주변을 둘러봐야 하고, 발 빠르게 움직여야 하죠. 타이밍을 놓치면 이미 끝나 버리고요."

반대로 태어나기 전에 나왔던 곡들, 또 음악을 알기도 전에 무의식적으로 접했던 노래들을 찾아 듣기 시작했다. 그러면서 장필순, 정미조, 조하문, 이은하 등 취향에 맞는 뮤지션도 많이 발견했다. 예전부터 존재했던 세상인데도 너무나 다채로웠다. 사물을 주의 깊게 보지 않으면 그 의미를 모르는 것처럼, 여태까지 들여다보지 않아서 눈치를 못 채고 있었을 뿐이었다. 오래전부터 우리 곁에 있어 얼마나 대단한지 몰랐지만, 제대로 의식해서 들으니 얼마나 멋진 음악이 많은지 알 수 있었다. 다른 시간과 공간에서 들으면 같은 노래도 새로운 느낌이었다.

예전에는 좋아하는 가수를 찾기 위해 음반 가게나 잡지를 뒤적거렸다면, 지금은 일명 '디지털 디깅(Digital Digging)'의 시대다. 요즘 젊은 세대는 마음에 드는 가수를 발견하면

동시대에 활동한 다른 가수들을 하나하나 찾아본다. 또 알고리즘이 성향이 비슷한 가수나 밴드를 추천해주기 때문에 취향에 맞는 음악을 찾기 쉽다. 심지어 이젠 한 음악을 들으면 AI가 취향을 분석해 플레이 리스트까지 만들어준다.

취향에 맞는 음악을 찾는 노력을 하지 않아도 되는 편리한 시스템이지만 아쉬움도 있다. 내 정체성을 부여해주는, 취향에 맞는 음악을 발견하기 위해 시간과 공을 들여 나만의 아티스트를 발견하는 즐거움이 있었다. 그런데 이제 그런 과정이 사라지고 누구나 폭넓게 같은 정보를 공유하게 된 것이다. 그래서일까. 최근에는 예전으로 거슬러가 LP가 유행했다. LP는 고사양 디지털 음원과는 달리 노래를 듣는 행위에 온전히 집중하는 새로운 경험을 선사하기 때문이다.

우리가 흘러간 음악을 좋아하는 이유는 그 노래들이 당시 우리가 경험한 소중한 순간과 특별한 감정들을 머금고 있기 때문이다. 누구나 어떤 노래를 듣고 그 시절로 돌아간 듯 선명한 추억이 떠오른 적이 있을 것이다. 때론 음악을 통해 전 국민이 특정한 시절과 감성을 공유하기도 한다. 이를테면 독일의 경우 스콜피언스(Scorpions)의 〈Wind of Change〉가 통일 이후 평화의 시대를 상징하는 곡이다. 우리나라에서도 조수미의 〈Champion〉을 들으면 누구나 2002년 월드컵을 떠올릴 것이다.

이렇듯 음악에 담긴 시대별 정서가 있기에, 우리는 시간이 흘러도 여전히 예전 음악을 듣고 음악 뒤편의 시절까지 기억한다. 그리고 지금은 명실상부한 지코의 시대, 지코 세대다. 지코의 앨범에는 자기 성찰에 관한 강력한 메시지를 담은 곡이 많다. 일부 팬은 지코의 노래를 들으며 자신을 돌아보거나 반성했다는 메시지를 전해오기도 한다. 시간이 지나도 시대를 운반하는 음악들처럼, 어쩌면 지코의 음악도 이 시대의 어느 순간을 떠올리는 배경 음악이 되어가는 중이 아닐까.

실력으로 증명하는 반전의 순간

지코가 가요계에서 주목받는 핫한 아티스트가 된 결정적인 계기는 역시 〈쇼미더머니〉 시즌 4일 것이다. 아이돌 가수에서 프로듀서 지코로, 대중들이 생각하던 기존의 이미지를 완전히 바꾸는 계기가 됐다. 그런데 지코가 〈쇼미더머니〉에 출연할 가장 최적의 타이밍을 찾기까지는 의외로 오랜 고민의 시간이 있었다.

시즌 1과 2에도 참가자로 제안을 받았는데 당시에는 출연을 고사했다. 아이돌은 실력이 부족하다는 색안경을 낀 사람들 앞에서 래퍼로서 경쟁해도 시청률의 제물이 될 뿐, 만족할만한 성과를 얻지 못할 것 같았다. 물론 프로그램에 출연해서 화제를 모으거나 더 큰 한 방을 노려볼 수도 있었다. 하지만 아이돌로서의 히트곡을 제외하면 래퍼로서 이뤄놓은 결과물이 없던 시기였다. 프로그램에 나가서 최고의 모습을 보여주기에는 시기상조라는 생각이 들었다.

시즌 3부터는 프로듀서로 섭외가 들어왔지만 역시 거절했다. 이제 막 프로듀서로서 두각을 보이기 시작할 즈음이었기에 스스로 준비가 덜 되었다고 느꼈다. 실력에 자신감은 있었으나 의심도 있었다. 무대에서 온전히 실력을 보여주고 소통할 수 있으리라는 확신이 없었다. 그리고 시즌 4의 프로듀서 제안이 왔을 때, 지코는 마침내 〈쇼미더머니〉에 출연하기로 마음먹었다. 왜일까, 그때는 할 수 있을 것 같았다. 자신의 존재감을 드러내기에 워밍 업은 충분하다고 생각했다.

"그때가 2015년이었어요. 곡도 활발히 만들었고, 랩도 술술 잘 나오고, 생각도 엄청 많을 때였죠. 굉장히 에너지 있고 생동감 넘치는 생각을 많이 했어요. 당시 댓글이나 커뮤니티 반응에 움찔했던 순간들이 많아서였는지 본격적으로 인정 투쟁을 벌일 준비를 마친 거죠. 지금은 주변도 돌아보고 천천히 걷거나 뒷걸음칠 줄도 알지만, 그때는 에너지가 제어되질 않았어요. 잠깐 멈추면 그대로 넘어질 수도 있을 정도로요."

지코가 프로듀서로 합류한다는 기사가 나자 '누가 누구를 심사하느냐'는 논란을 비롯해 악플도 상당히 많았다. 아직 신인 티를 다 벗지 못한 알려지지 않은 프로듀서가 나온다고 하니 의심하는 시선이 많을 수밖에 없었다. 하지만 크게 연연하지 않았다. 잃을 게 없다고 생각했다. 21살부터 프로듀서로 활동했는데 사람들은 쉽게 지코를 인정하지 않았다. 앨범을 제작할 때도 다른 작곡가들이 음악 얘기를 할 때는 은근히 무시했고, 실제 작업은 남이 다 해주고 이름만 올리는 거라고 오해하는 이도 많았다. 결국 실력으로 보여주는 수밖에 없다고 생각했고, 논란이 많을수록 오히려 기대되는 마음도 있었다.

아무리 욕을 먹어도 내가 가진 것들에 대한 자신이 있었다. 다만 아직 그걸 꺼내서 보여주기 전일 뿐이다. 오히려 편견의 시선이 많을수록 반전을 보여줬을 때 반응이 폭발적이리라는 생각이 들었다. 재능 있는 참가자들이 지코라는 프로듀서를 만나 좋은 결과물을 만든다면 증명은 충분할 것이다. 다만 한편으로는 한 방의 반전을 터뜨리지 못하면 최악의 결과를 얻을, 무모할 수도 있을 도전이었다.

"제 자격을 두고 논란이 많았기 때문에 제대로 증명하지 못하면 한 방에 끝날 수도 있겠다는 생각이 들었어요. 그런데 격투기 선수들은 경기 중에 펀치가 날아와도 눈을 안

감잖아요, 피하려고. 저도 그런 연습을 충분히 해왔어요. 눈을 감지 않겠다는."

〈쇼미더머니〉 경연이 시작되자 지코는 단번에 모든 자격 논란을 불식시켰다. 처음 선보인 〈거북선〉이라는 곡이 많은 힙합 팬의 호응을 얻으며 음원 차트에 장기간 머물렀고, 이후 지코가 프로듀서로 나선 〈Okey Dokey〉, 〈겁〉, 〈moneyflow〉 등이 큰 반향을 불러 일으키며 의미 있는 성적을 냈다. 대중 앞에서 프로듀서 지코를 당당히 각인시킨 셈이다. 실력을 당당히 선보일 수 있는 최적의 타이밍을 기다리며 차근차근 실력을 쌓고 노력해온 결과였다.

"사실 이제는 '노력하면 이루어져, 노력은 배신하지 않아.'라는 말을 함부로 못 하겠어요. 노력이 배신을 하기도 하더라고요. 열심히 했는데 난 왜 아직도 이 정도일까? 충분히 그런 생각을 할 수 있어요. 노력은 결과를 보증하는 수표라기보다 밑거름이라고 생각해요. 운이나 기회, 좋은 타이밍이 왔을 때 앞으로 나아갈 수 있는 추진력을 얻으려고 준비하는 근육 같은 거죠."

기회는 준비된 자에게 찾아온다던가. 노력은 때로 배신할지 모르지만, 기회가 왔을 때 이를 잡으려면 충분한 준비가 되어 있어야 한다는 지코의 믿음은 그를 배신하지 않았다.

지코, 그리고 우지호

완성형이 아닌 성장 중인 청춘이기에, 여느 사람들처럼 지코도 혼란스럽고 많은 변화를 맞닥뜨리며 견뎌내야 했다. 세상을 보는 시선이 달라졌고, 앞만 보고 달려가던 자신을 돌아보기 위해 우뚝 멈춰서기도 했다.

"원래 저는 과감하고 직설적으로 말했어요. 당돌하고 자신만만한 시기가 있었는데, 많은 일을 겪으면서 다른 사람의 이야기에 귀를 여는 방법을 터득했어요. 오히려 더 많이 생각하고 자신을 검열하게 됐네요. 솔직하고 허심탄회하게 얘기하면, 제 개인적인 생각이 누군가에게 영향을 줄 수도 있잖아요. 항상 그 부분을 우려하다 보니 가사를 쓸 때도 무작정 거칠게 뱉거나 덤비지 않고, 제 가치관을 꼼꼼히 확인하게 됐어요."

〈쇼미더머니〉에 출연했던 2015년 즈음에는 대중에게 나를 보여주고 싶다는 욕망이 컸다. 일종의 인정 투쟁을 벌이는 것처럼 이만큼 인정을 받으면 더 큰 인정을 받고 싶고, 이

만큼 보여주고 나면 더 많은 걸 보여주고 싶어 정신없이 가진 것들을 쏟아냈다. 열정이 뜨거운 만큼 강하고 직설적인 표현을 쓸 때도 많았다. 그런데 어느 순간 '이게 정말 나인가?'라는 생각이 들어 자신을 천천히 돌아봤다. 내가 쓰는 가사만큼 내가 강한 것 같지 않았다. 고슴도치처럼 몸을 부풀리며 스스로를 과시하고 있었던 건 아닌가 하는 생각이 들었다. 지코의 〈ANTI〉라는 곡에 '예명을 지은 순간 널 죽여야돼'라는 가사가 있다. 실제로 '지코다움'에 몰입하고 살다 어느 순간, 자신의 원래 모습인 '우지호'를 잊어버린 것 같았다.

"정말 밤낮 가리지 않고 음악에 나의 열정, 시간, 재능, 청춘을 다 쏟아부었어요. 그런데 퇴근해서 집에 들어갔는데, 제가 혼자일 때 음악이 저에게 말을 걸어주지는 않는다는 걸 깨달았어요. 정말 소중하고 신중하게 만든 애들이지만, 막상 제가 공허함에 잠겨있을 때 '어디야? 지금갈게.'라고 말해주는 건 주변 사람들이더라고요. 지코로모든 걸 쏟아붓고 전력을 다했는데 우지호로는 어떻게 살았는지 잊은 거예요. 일 말고는 할 줄 아는 게 아무것도 없더라고요."

포지션에 따라 다양한 모습을 꺼내놓다 보니 '진짜 나는 누굴까.' 하는 정체성의 혼란을 느낄 때도 있었다. 일본에서는 아이돌로 콘서트를 하고, 〈쇼미더머니〉에서는 거친 랩을 하다가, 〈쇼! 음악중심〉에서는 귀엽고 상큼한 모습의 MC로 변신했다. 결국 자신의 중심을 찾기 어려워 뮤지컬 〈지킬 앤 하이드〉 속 주인공이 된듯한 기분도 들었다.

자신이 누구인지 왜 알 수 없게 되었을까 생각해보니 기준을 바깥에 두었기 때문이라는 결론이 나왔다. 가수라는 직업 때문에 누군가의 마음에 들기 위해 어떤 눈빛과 말투를 입을지 생각하면서 그들의 기준에 맞춰 행동하고 있었다. 어떤 상황인지, 어떤 사람을 만나느냐에 따라 계속해서 새로운 자신을 꺼냈으니 혼란이 올 수밖에 없었다. 심지어 내 집조차 남들이 봤을 때 '지코스럽다'라고 할 만한 인테리어로 꾸미고 있었다.

"한 발짝 떨어져서 제가 저를 분리해서 보기 시작했어요. 지금은 정체성에 대한 고민이 사그라들었죠. 이제 집에 좋아하는 인형도 있고 테이블 위에 전단지나 고지서도 놓여 있어요. 남들 눈 신경 쓰지 않고 자연스럽게 살려고 하니 삶이 더 건강해지더라고요. 의식적으로 필터링하거나 몸을 사리지 않고 최대한 나로, 그냥 원래의 나로 돌아오려고 노력하면서 균형을 찾았어요."

지코와 우지호의 겉모습에는 큰 변화가 없었지만 삶을

대하는 태도는 조금 달라졌다. 최근 평범하고 일상적인 자신을 존중하고 아껴주기로 마음먹으면서 나름대로 추가된 원칙이 있다. 바로 '아침을 거르지 않는 것'이다. 정신적인 버거움을 느껴 받은 건강검진에서 영양 불균형 상태가 정신에 부정적인 영향을 미칠 수 있다는 사실을 알았기 때문이다. 시간이 걸리더라도 내 감정을 찬찬히 들여다보면서 지금 내가 느끼는 불편함이 무엇인지, 내가 나에게 어떤 배려를 더 해줘야 하는지 돌아볼 수 있었다.

"보통은 기분이 좋지 않을 때 이유를 찾기 번거로워 그냥 넘어가잖아요. 그런데 천천히 나를 살펴보니 원인을 알겠더라고요. 내가 너무 내 몸을 안 챙겼구나. 몸을 가꾸며 심리적 아픔을 예방하는 방법을 찾았어요. 그래서 영양제도 먹기 시작했어요. 사람들은 얼마나 오래 살려고 그러느냐고 하지만, 전 지금 최대한 건강하게 살려고 하는 거예요."

지코에게 앞으로의 계획은 '내 방식대로 좀 더 행복해지기'다. 최고의 순간에 도달한다고 동시에 행복해지지는 않는다. 객관적으로 행복해야 하는 상황이지만 그렇지 않을 수 있고, 어쩌면 행복이 예전부터 내 옆에 있었지만 몰랐을지도 모른다. 내 행복의 기준은 세상이 정해주는 것이 아니라 나만이 세울 수 있다. 행복을 채워야 한다는 집착을 덜어내고 초연하게 생각하면서 오히려 마음이 많이 편해졌다.

"가장 잃고 싶지 않은 것은 무엇보다도 사람이에요. 20년
후쯤엔 내 가정이 있으면 좋겠어요. 나중에는 행복한 가정
을 꾸리는 게 또 다른 목표예요."

지코, 그리고 청년 우지호는 여전히 새로운 것을 배우며
성장하고 있다. 고민하고 흔들리며 나름의 답을 찾아 자라는
과정은 이 시대의 여느 청춘과 다르지 않다. 천재 프로듀서
지코가 평범한 청년 우지호와 공존하기에 우리가 그의 음악
을 더욱 기대하고 공감하는 게 아닐까.

4

늘 꿈을 품고
살아야 해요

∽

열정을 잃지 않는 방법

이정은

영화 〈기생충〉의 '국문광' 역으로 출연해 이제는 얼굴을 모르는 사람이 없는 국민 배우. 1991년 연극 〈한여름 밤의 꿈〉으로 데뷔했으며, 이미 브라운관에 모습을 비추기 전부터 연극과 뮤지컬계 유명인사였다. 영상 필모그래피는 특이하게도 주연보다 단역이 많은데, 이를 통해서 알 수 있듯 천천히 발전의 계단을 밟아온 노력파 배우다. 영화와 드라마를 오가는 실감 나는 연기로 청룡영화상, 대종상, 백상예술대상을 모두 휩쓸며 수상했다.

"지금 생각해보면 그땐 낭만이 있었던 것 같아요.
사실 통념적으로는
당연히 돈을 많이 가지고 있는 사람이
진짜 부자잖아요.
그런데 정신적인 부분이 채워지면
배가 안 고프더라고요.
친구들하고 작품 이야기하고,
같이 연극하고 그러면
어떤 정치인보다도
세상을 다 가지고 지배하는 것 같았어요."

언뜻 보면 세상은 평범한 사람으로 가득 차 있다. 하지만 면면을 들여다보면 오히려 평범하게 사는 게 어려운 일이라는 걸 알게 된다. 예전에는 영화나 드라마에서도 성별, 나이, 혹은 직업에 따라 전형적이고 한정적인 역할을 부여했다면, 요즘에는 그와 상관없이 캐릭터마다 각자의 특성과 면모를 담으며 다양해진 삶의 형태를 반영한다. 배우 이정은은 어디에서나 본 것 같은 평범한 사람들의 이야기를 어디에서도 본 적 없는 캐릭터로 전달한다. 영화 〈기생충〉으로 스포트라이트를 받았지만 30여 편의 드라마와 30여 편의 영화, 또 수많은 연극과 뮤지컬에 출연한 다작 배우이기도 하다. 알게 모르게 사람들의 마음속에 스며든 익숙한 얼굴 이정은은 어떻게 '아줌마 1'에서 〈기생충〉의 '문광'이 되었을까.

마음속에 담겨있던 꿈

연기에 대한 첫 기억은 한복에 담겨 있다. 어릴 때 이정은은 한번 한복을 입혀주면 도무지 벗으려고 하지 않아서 한 벌을 더 사서 번갈아 입혀줬을 정도로 한복을 좋아했다고 한다. 그러다 초등학교에 입학하고 희곡을 배웠는데, 이정은은 선생님이 희곡 연기를 시키면 본격적으로 한복까지 입고 와서 대사를 읊으며 끼를 방출하곤 했다. 〈선녀와 나무꾼〉 연극을 할 때 오빠가 입던 도령 한복을 입고 "토끼 못 봤어요?" 하면 친구들이 웃고 재밌어하던 게 지금도 기억난다.

그러다 본격적으로 배우라는 직업을 꿈꾸기 시작한 건 고3 무렵이었다. 민주화 항쟁이 한창이던 80년대 말, 이한열 열사의 죽음에 조의를 표하는 의미로 이정은과 친구들은 모두 검은 리본을 달았다. 그러자 선생님들이 단체 행동에 주의를 주며 반성문을 쓰게 했다. 청춘이 불살라지고 희생되는 일들이 발생하고 있는데 왜 젊은 사람들이 그 뜻을 이어받으면 안 될까? 납득할 수 없는 상황에 대한 의문은 커져갔다. 선생님들의 설명은 부족했고, 처음으로 그냥 앉아서 공부만 한다고 제대로 살 수 있는 게 아니겠다는 생각이 들었다. 그렇다면 나는 어떤 어른이 되어야 할까? 그때부터 조금씩 자신의 방향에 대한 고민이 뻗어나갔다.

나는 뭘 좋아하고 어떤 일로 사회에 나가야 할까. 생각하다 보니 이미 정해져 있던 답처럼 초등학생 때 친구들 앞에서 재간 부리며 연극을 하던 모습이 떠올랐다. 입시가 고작 한 달 남은 시점에 이정은은 급작스럽게 연극영화과로 진로를 변경했다. 부모님은 교사가 되길 바라셨는데, 여태껏 조용히 학교 다니며 공부하던 아이가 갑자기 연극영화과를 가겠다고 하니 당황하실 수밖에 없었다. 머리가 아파서 공부를 못 하겠다, 더 이상 글자가 머릿속에 안 들어온다, 핑계를 대면서 다른 길을 찾겠다고 나섰고 부모님도 결국 "너 하고 싶은 거 해봐라." 하는 마음으로 지켜봐 주셨다.

입시 한 달 전에 진로를 변경한다는 게 쉬운 결정은 아니지만, 사실 그전까지 이렇다 할 꿈이 없었기 때문에 오히려 단호하게 진로 변경을 결정할 수 있었다. 이전에는 막연하게 어른들이 원하는 대로 대학을 가고, 잘하면 교사가 되고, 어쩌면 결혼을 하고 엄마가 되겠지, 그렇게 생각했다. 그러다 불현듯 내가 하고 싶은 일을 발견하니 어떻게든 할 수 있을 것 같다는 근거 없는 자신감이 생겼다. 이것저것 따지고 계산하기에 앞서 내가 스스로 그렇게 결정했다는 사실이 중요했다.

이제 문제는 입시에 필요한 실기였다. 준비된 실력이 없었으니 나름 전략적으로 조사를 해서 실기 비율이 가장 적은 한양대에 지원했다. 그 실기 시험을 보는 날이 인생에서 처음으로 누군가에게 연기를 테스트받는 날이었던 셈이다. 어색하지만 단정한 정장을 차려입고 유치진의 희곡 〈소〉에 나오는 대사를 준비해 갔다. "어머니." 딱 한 마디를 했는데 면접관이 "됐다."며 연기를 멈추고 나가보라고 했다. 당연히 떨어진 줄 알았는데, 뜻밖에도 합격이었다. 나중에 듣기론, 앞으로 연기를 배울 친구들이기 때문에 그해에는 이미 가지고 있는 연기 실력보다 공부를 성실히 해왔고, 앞으로도 열심히 할 자세가 되어 있는지 태도를 더 중점으로 봤다고 했다.

얼떨떨했지만 어쨌든 합격을 했으니 자신이 결정한 꿈에

한 발짝을 내딛은 셈이었다. 하지만 바로 연기자의 길을 걷지는 못했다. 당시 어머니가 연기보다는 차라리 연출을 했으면 좋겠다는 권유를 하셨다. 성공보다는 낙담의 상처를 더 입기 쉬운 배우의 길을 어머니로서는 못내 걱정할 수밖에 없었을 것이다. 더구나 당시에는 배우의 기준이 지금보다 훨씬 획일화되어 있어, 그 좁은 문과 한계를 생각하지 않을 수 없었다.

그래서 주변에 연출을 할 거라고 말은 했지만 사실 가장 재미있었던 수업은 전공이 나뉘기 전까지 공통 과목으로 수강하던 연기 수업이었다. 사람들 앞에 서서 자유롭게 독백하며 나를 보여줄 수 있는 시간이 좋아서 한번 연기를 시작하면 주어진 대사를 멋대로 늘리다가 지도 교수님에게 혼이 나는 일도 많았다.

일단 연출을 하기는 해도 배우로 무대에 서고 싶은 마음이 있어서 일부러 틈새시장을 노리는 전략을 쓰기도 했다. 나이든 노인 역할 등 인기 없는 배역의 오디션을 일부러 보면서 작게나마 무대에 올랐다. 연출에 대한 욕심보다는 어떤 배역이든 배우로서 무대 위에서 즐기는 기쁨이 훨씬 컸다.

그러다 극단 '한양레퍼토리'에 소품 담당으로 들어갔다. 손재주가 좋아서 선생님이 세계적인 소품이라고 칭찬하실 정도로 인정을 받았다. 예를 들어 영국 근위병 모자를 만들면 콘돔으로 틀을 잡고 그 위에 종이 찰흙을 붙이는 등 독창적인 방식으로 소품 제작을 했다. 나름대로 보람은 있었지만 무대에 오르고 싶다는 생각이 여전히 마음속에 자리 잡고 있었다. 이렇게 연극판에서 일을 하다 보면 언젠가는 배우로서 무대에 설 수 있으리라는 열망을 잃지 않은 채였다. 무대에 오르고 싶은 마음은 조그마한 다이아몬드처럼 마음속 깊이 단단히 박힌 채 내내 반짝였다.

"18세기에 여자들이 여행을 못 가게 하니까 책에 탐닉하는 경우가 있었잖아요. 가상의 이야기에 빠지는 이유는 어떤 이야기 속에서 현실에서의 생각을 잊는 동시에 현실을 자각하고, 또 내가 겪어보지 못한 세계에 과감하게 들어갈 수 있기 때문인 것 같아요. 물론 지금은 그런 시대가 아니지만, 무대에서 희곡 작품을 하다 보면 그 이야기 속의 어떤 인물로 살아가는 게 현실 삶보다 더 재미있을 때가 있어요."

그리고 마침내 무대 위로 돌아갈 소중한 기회가 왔다. 고(故) 박광정 감독의 연극에 조연출 제안을 받았는데, 이정은은 세 작품을 조연출로 참여할 테니 그다음엔 무대에 세워달라고 요청했다. 그렇게 첫 배역으로 인신매매범 역할을 맡았다. 작지만 소중하게 얻어낸 배역이었고, 이정은은 대학로 무대에 컴백하며 본격적으로 배우의 길을 걷게 되었다.

꿈의 무게

예술에 종사하는 소설가나 뮤지션, 연극배우는 가난한 직업이라는 인식이 있다. 노력이나 노동에 들이는 시간 대비 얻는 소득이 적다 보니 아무래도 배곯는 시간이 많을 수밖에 없다. 직업 배우가 됐어도 먹고 살기는 녹록지 않았다. 기본적으로 수입이 일정하지 않아서 어떨 땐 1년에 겨우 20만 원을 벌 때도 있었다. 그러니 생활을 위해 아르바이트로 투잡을 갖는 건 선택이 아니라 필수였다. 방송에 데뷔하기 전 마흔 살 즈음까지도 연기 학원 선생님부터 마트 직원, 간장이나 녹즙 판매까지 다양한 생업을 병행했다.

경동시장에서 채소를 팔 때는 자기도 모르게 적성을 발휘하기도 했다. 그때 장사에도 연기와 비슷한 섬세한 부분이 있다는 걸 알았다. 포장, 진열, 상거래까지 장사의 요령과 흐름을 몸에 익히다 보니 몰입이 되고 재미도 느꼈다. 입담도 좋아 사장님이 자꾸 눌러앉으라고 하는데 당시 잠시 연기를 중단하고 있던 시기라, 정말 그렇게 될까 봐 어느 순간 도망 나오듯 장사를 그만뒀다.

생업으로 다른 노동을 병행하면서도 언젠가는 무대로 돌아올 거라는 생각 때문에 일을 하면서 자기도 모르게 역할을 떠올리고 대입해보기도 했다. 지금도 노동을 하는 배역을 맡으면 그때 몸을 쓰며 일해 봤던 경험을 살려 연기한다. 노동의 디테일은 일해 보지 않은 사람은 쉽게 표현해내기 힘들다. 역할을 흉내 내는 데 그치지 않고 정말 오래 그 일을 하며 삶의 고단함을 겪어온 듯 보이는 극 중의 이정은은 그렇게 만들어졌다.

"시간을 보내는 방법에 대해서 많이 알게 됐어요. 인생이 결코 호락호락하지 않잖아요. 또 아무리 배우로서 내가 어떤 역할을 맡고 싶다고 해도 얼굴이 주는 느낌을 무시할 수 없거든요. 그 시간들은 나중에 연기를 할 때 필요한 얼굴이 만들어지는 과정이 아니었을까, 그런 생각도 해요."

그렇게 돈을 벌면서 배우 생활도 계속하긴 했지만 연기를 생업으로 삼기까지는 긴 시간이 걸렸다. 2000년대 초반에는 후배들을 모아 〈진동 거울〉이라는 연극을 제작한 적이 있었다. 연출가를 초빙했는데 워낙 예산이 적으니 중간에 그만둬버려서 결국 이정은이 직접 연출을 맡았다. 어떻게든 무대에 연극을 올리긴 했지만, 막상 보러 온 관객이 아예 없어서 공연을 하지 못하는 날도 많았다. 관객이 두세 명 오는 날도 있고, 만약 한 명밖에 없을 땐 관객에게 진짜 공연을 볼 건지 물은 뒤 같이 술이나 한잔할 때도 있었다. 웃지도 울지도 못할 상황들이었지만 그럼에도 연극을 한다는 게 좋았다.

"지금 생각하면 그땐 낭만이 있어서 가능했던 것 같아요. 사실 통념적으로는 당연히 돈을 많이 가지고 있는 사람이 진짜 부자잖아요. 그런데 정신적인 부분이 채워지면 배가 안 고프더라고요. 친구들하고 작품 이야기하고, 같이 연극 하고 그러면 어떤 정치인보다도 세상을 다 가지고 지배하는 것 같았어요. 그런 마음으로 버텼어요."

가난했지만 불행하진 않았다. 대단한 부귀영화를 꿈꾸는 것도 아니었다. 좋아하는 일을 할 수 있다는 것만으로도 행복이 확실하고 분명한 시절이었다. 그리고 그렇게나마 꿈을 이어갈 수 있었던 건 그 꿈을 지지해준 고마운 사람들 덕분이기도 했다. 전화 한 통화에 아무것도 바라지 않고 그저 연극을 잘 만들어 보라고 선뜻 돈을 빌려준 동료들이 있었다. 그때만 해도 열심히만 하면 어떻게든 갚을 수 있으리라고 막연히 생각했는데, 〈기생충〉 대사처럼 계획한다고 해도 계획처럼 되는 건 아니었다.

이후 거의 13년 동안 받은 도움을 잊지 않고 담아둔 채로 '전대녀'라는 별명이 붙을 정도로 악착같이 돈을 벌고 모았다. 전대에는 사실 돈이 아니라 이름이 들어있었다. 도움 준 사람들의 이름을 잊지 않기 위해서 몸에 지니고 다녔고, 또 혹시나 객사라도 하면 남은 가족들이라도 그들에게 고마움을 전해주길 바라는 뜻도 있었다. 놀랍게도 그사이에 돈을 갚으라고 독촉하는 이도 없었다. 그렇게 13년이 지나고 방송 일을 하면서 마지막 5천만 원 정도를 갚으며 비로소 오랜 빚을 청산할 수 있었다.

무대 밖 카메라 속으로

91년부터 연기를 해온 베테랑 배우지만 영상 연기로 데뷔한 해는 2000년이었다. 뒤늦은 도전이었지만 스스로를 시험하는 마음으로 새로운 무대에 올라보고 싶었다. 연극은 무대 위에서 직접 관객과 교감할 수 있다는 게 큰 장점이지만 어떨 때는 그 분위기에 따라 표현하고자 하는 바가 왜곡되기도 한다. 그와 달리 관객을 배제한 채 오직 그 상황에만 집중하는 영상 작품에서 또 다른 주체적인 연기를 해보고 싶다는 마음이 들었다.

하지만 2000년에 〈불후의 명작〉이란 작품으로 데뷔를 하고, 2001년에 〈와니와 준하〉란 작품을 하고 난 뒤 2009년까지 영상 필모그래피에는 커다란 공백기가 있다. 카메라 앞에서의 연기는 처음이었기에 생각지 못한 벽에 부딪친 것이다. 〈와니와 준하〉의 김용균 감독이 학교 동기라서 이정은에게 꽤 중요한 역할을 줬는데, 당시 연기에 대한 혹평이 많았다. 극 중 영화사 PD 역이었는데 너무 어색해서 사람들이

"진짜 PD가 연기했느냐."고 했을 정도였다. 무대 전체를 화면으로 쓰는 연극 연기와 정해진 프레임 안에서 하는 연기는 전혀 다른 영역이었다. 상대 배우를 마주 보며 눈을 깜박여야 하는 타이밍까지도 달랐다. 무엇보다 막상 무거운 장비가 가득한 영화 현장에서 커다란 필름 카메라를 앞에 두고 연기를 해야 하니 압박감도 심했다. 그때 카메라 울렁증이 생겼다. 감독에게도 너무 미안했고, 더 이상은 카메라 앞에서 연기를 못 하겠다는 생각이 들었다. 결국 다시 연극판으로 돌아가 열심히 연극을 하다가, 배우 김희원의 현실적인 조언 덕분에 다시 카메라 울렁증을 이겨내야겠다고 결심했다.

"배우 김희원 씨가 지나가는 말로 그러더라고요. 45세 될 때까지 TV나 영화를 못하면 그 이후로는 별로 기회가 없을 거라고. 내가 처음부터 영화, 드라마 배우를 원한 건 아니었으니까 당시에는 그냥 안 하면 말지, 했는데 솔직히 마음 한 켠에서는 영상 연기에 대한 욕심은 있지만 두려웠던 것 같아요. 그런데 더 늦으면 내가 이제 시도해보지도 못하겠구나 싶어서 주변에 적극적으로 어필을 좀 하기 시작했어요. 어떤 역할이든 있으면 해보고 싶다고."

그렇게 본격적으로 열심히 오디션을 보러 다녔다. 다시 카메라 앞에 서는 데 적응해가며 가만히 생각해보니, 카메라 울렁증이 생긴 이유가 카메라 너머에 있는 사람을 너무 의식했기 때문이 아닐까 싶었다. '감독인 내 친구한테 잘 보여야 하는데.', '이 상대 배우는 굉장히 유명한 사람인데 내가 잘하고 있나?' 하고 카메라 밖의 상황을 복잡하게 생각하느라 정작 역할에 대한 생각은 충분히 하지 못한 것이다. 연기를 하면서도 평가에 대해서만 생각하고 있으니 카메라 울렁증이 생길 수밖에 없었다. 이후로는 카메라를 그냥 모습을 비춰주는 물체라 여기며 역할에 집중했고, 자연스럽게 두려움도 극복할 수 있었다.

사실 이미 대학로에서는 주연급으로 활동하며 연기력이 검증된 배우가 영상으로 넘어가 작은 단역부터 시작한다는 것도 쉬운 결심은 아니었다. 대학로에서 날고 기던 배우들도 영화나 드라마에서는 너무 작은 역할을 맡아 낙담하고 자존심에 상처를 입는 일이 적지 않다. 그런 단역들은 아예 이름조차 없다. 오디션을 보고 붙어도 '아줌마 1'이었다.

"그런데 이런 생각을 했어요. 내가 카메라 울렁증을 극복하면 처음부터 다시 시작하는 거라고요. 그래서 오디션에 통과하면 정말 즐겁게 일해야지, 하고 마음먹었어요. 사실 오디션을 보고 오면 속상해하는 친구들도 많아요. 저도 똑같은 경험이 있는데, '내가 이런 걸 준비했는데 다른 것만 시킨다.' 하는 식으로 불만을 얘기했어요. 그런데 어느 날 보니 거울 속에 너무 못생긴 애가 계속 투덜거리고 있더라고요. 그래서 아니, 좀 긍정적인 면이 있어야 누가 쓰고 싶어 하지, 맨날 안된 얘기만 하고 있으면 어쩌나? 싶어서 좀 생각을 바꿔야겠다 하고 마음을 다잡기도 했어요."

작은 역할부터 차근차근 시작했고 처음엔 작은 규모의 독립영화도 30편 가까이 찍었다. 그러다 영화를 통해 대중에게 처음으로 존재감을 확연히 드러낸 작품이 바로 영화 〈변호인〉이었다. 극 중에서 이정은은 한쪽 눈만 화장하고 나온 짧은 신 하나로 강한 인상을 남겼다. 그리고 이후 영화 〈택시운전사〉, 〈옥자〉, 〈기생충〉, 드라마 〈눈이 부시게〉, 〈미스터 션샤인〉, 〈아는 와이프〉, 〈오 나의 귀신님〉 등 다양한 작품으로 완전히 대중에게 익숙한 얼굴의 배우로 각인되었다.

사투리에 담는 마음

영화 〈변호인〉을 촬영할 때 평소 존경하던 송강호 배우와 합을 맞춰야 하니 정말 제대로 잘해야겠다는 생각이 들었다. 경상도 사투리를 쓰는 역이라서 말투만도 한 달 넘게 맹연습을 했다. '주스'를 '쥬씨'라고 할 정도의 사투리 디테일에 송강호도 놀랄 정도였다.

"송강호 선배가 촬영 다 끝나고 '정은아, 부산 집이 어디랬지?'라고 물어보시더라고요. 그래서 고향이 서울이라고 했죠. 놀라시더라고요. 저는 워낙 송강호 선배가 연기를 잘하니까 폐를 끼치지 않으려면 준비를 잘해가자 하는 마음이었어요. 그때 임정현 PD라고 마산 사람이 있었는데 술자리에서 그분한테 부탁해 대사를 녹음해서 한 달 정도 연습하고 갔거든요. 모델을 잘 잡은 거죠. 사투리도 사람마다 달라서, 배울 때 정확한 자료로 연습을 해야 해요."

아무리 연기를 잘해도 사투리가 어설프면 바로 티가 나기 마련이다. 그래서 사투리는 '잘하는 연기의 지표'로 여겨질 만큼 날카로운 평가를 받을 수밖에 없는데, 이정은의 각종 사투리 연기는 탁월했다. 경상도 사투리뿐만 아니라 〈말모이〉에선 제주도 방언을, 〈기생충〉에서는 북한 말까지 완벽하게 소화해냈다. 특히 같은 사투리라도 캐릭터의 특성에 맞게 변형해내는 능력 덕분에 인물이 한층 생생해졌다.

워낙 사투리 쓰는 배역의 제안을 많이 받다 보니 사투리 연습을 꼼꼼하게 한다. 연습을 위해 주로 현지 사람을 만나는데, 서울말도 20대와 60대의 말투가 다른 것처럼 사투리도 연령에 따라 말투가 달랐다. 또 사투리를 배우러 그 지역에 가보니 말에 그 동네의 정서까지 담아내야 한다는 것도 알았다. 예를 들어 충청도 사투리는 속 얘기를 둘러서 하는 화법이 배어 있다. 억양만 흉내 내는 게 아니라 말의 깊이까지도 이해할 필요가 있었다.

"〈택시운전사〉 때 광주 사투리를 처음 써봤어요. 자세하게 알고 쓰고 싶어서 광주 친척분 집에 갔는데, 거의 상다리가 부러질 정도로 음식을 내오신 거예요. 너무 반갑게 환대를 해주시고 또 그때의 광주 이야기를 하면서 다과상에서 울기도 하고 그러시는데, 처음엔 녹음기를 켜고 사투리를 듣다가 어느 순간 대사 한마디를 듣는 것보다 내가 이 마음을 담아가야 하지 않나 싶어서 녹음기를 끄게 되더라고요."

그날, 말보다는 정서를 대사에 담아 표현하는 게 더 중요하다는 걸 깨달았다. 정성 가득한 한 상을 차리고서도 손님에게 "찬이 별로 없다."고 말하는 그 마음, 광주의 정서를 담아 연기하고 싶었다. 영화가 나온 뒤 "정말 광주 사람 같다."는 말을 들을 때가 가장 기뻤다.

봉준호 감독과의 인연

이정은의 필모그래피에서 빼놓을 수 없는 봉준호 감독과

의 인연은 〈기생충〉 이전에 영화 〈마더〉에서 시작됐다. 〈마더〉를 찍은 후에 봉준호 감독이 배우 원빈과 함께 이정은의 대학로 뮤지컬 〈빨래〉를 보러 온 적도 있었다. 그때는 공연을 잘해야겠다는 긴장감에 너무 힘이 들어갈까 봐 아예 렌즈를 빼버리고 무대를 했다.

"원래 봉 감독님이 뮤지컬은 안 좋아하신대요. 연기하다가 갑자기 노래하는 게 어색하다고요. 그런데 대학로의 출중한 배우들을 찾아다니시는 거죠. 그때 제가 노래를 말하듯이 읊조리며 하는 걸 좋게 봐주신 것 같아요. 저는 잘 모르겠는데 소리 컨트롤을 잘한다고요. 그때 그 덩치도 있으신 분이 객석에서 벌떡 일어나 기립박수를 쳐주신 게 무척 기억에 남아요."

봉준호 감독은 이정은을 "목소리의 마법사이자 달인이다."라고 극찬한 바 있다. 이후 봉준호 감독의 영화 〈옥자〉에서 이정은은 뜻밖에도 슈퍼돼지 목소리 역할로 캐스팅 제안을 받았다. 처음에는 '옥자'라기에 사연 있는 여자 배역인가 싶었는데, 슈퍼돼지라니 듣도 보도 못한 역할이었다. 거기에 내성적이고 숫기 없는 돼지라는 단서도 달려 있었다. 황당했지만 왠지 모험심이 생겼고, 좋은 배우가 되려면 이런 관문도 넘어야 되나 보다 하면서 돼지 소리를 집요하게 연구했다. 동물원에 가서 코끼리 소리와 하마 소리도 듣고, 거의 6개월 동안 유기농 돼지농장을 들락거리면서 돼지 소리를 들었다. 영문 모르는 후배들이 노후에 돼지농장을 할 생각이냐고 묻기도 했다.

나중에 알고 보니 봉준호 감독이 원한 건 돼지 소리 자체가 아니라 돼지 소리에 감정을 넣어줄 수 있는 소리였다. 감정의 변화를 줄 수 있는 미세한 숨소리, 아픈 소리, 고통스러운 소리 같은 것을 이정은의 목소리를 빌어 표현하려 했던 것이다.

봉준호 감독이 영화 〈괴물〉의 괴물 역에 오달수 배우를 섭외해 실감 나는 괴물을 표현했듯, 이정은의 목소리는 슈퍼돼지 옥자의 꿀꿀 소리에 섞여 섬세한 감정들을 전달했다. 비록 돼지 소리를 따라하려고 애쓴 건 다소 빗나간 노력이긴 했지만, 자신이 맡은 배역을 이해하고 표현하기 위해서 배우들은 늘 나름대로의 방법으로 연구하고 체험하는 노력을 한다. 이정은은 〈오 나의 귀신님〉 때는 직접 무당을 만나고, 〈아는 와이프〉 때는 병원 간호사를 찾아가 치매를 연구하기도 했다.

"사실 저는 배역을 직접 체험해보고 싶어서 직접 돌아다니고 따라하기도 하는데, 그게 꼭 좋은 방법이라고 생각하지는 않아요. 더 시간을 단축하고 영리하게 사용할 수 있는, 각자 자신들의 독창적인 방법을 찾아서 연구했으면 좋겠어요, 연기는 다 스타일이 다르기 때문에. 누군가는 굉장히 리얼한 연기를 하고 싶고 또 누군가는 더 재미있고 연극적인 인물을 만드는 사람도 있잖아요. 그래서 사실 제 케이스가 마치 무용담처럼 그럴듯하게 전해지진 않았으면 좋겠어요."

연기에 대한 이정은의 진지한 고민과 열정은 한국 영화 역사상 최초로 칸 영화제에서 황금종려상을 수상한 〈기생충〉으로 이어졌다. 〈기생충〉의 황금종려상 수상은 한국 창작인의 무척 한국적인 이야기가 세계에 독창성을 인정받은 엄청난 영예이자 쾌거였다. 이정은은 기생충에서 가사도우미 '문광'의 역할을 맡아 커다란 임팩트를 남겼다. 배역 자체가 반전의 핵심이 되는 스포일러인 셈이라 사실상 영화를 관통하는 주인공이라고 할 수 있는 캐릭터였다. 특히 '문광'의 중요한 인터폰 신을 찍을 때는 어떻게 표현할지 고민도 많았다.

"약간 공포감이 있어야 할 것 같은데, 이렇게 귀여운 얼굴로 잘 표현할 수 있을까? 사실 그게 좀 걱정이었어요. 그런데 '어떻게 공포감을 줄까?'보다는 이 집에 들어가서 내가 해야 할 일에 대해 집중하는 게 더 좋겠다는 생각이 들더라고요. 일단 저 사람들을 안심시키기 위해서 최대한 예의

바르고 교양 있게 말을 하는 거죠. 나중에 보니까 그게 더 무섭더라고요."

〈기생충〉의 시나리오를 처음 받았을 때 경제적으로 사회적인 양극화가 심한 상황에 너무나 시의적절한 이야기라는 생각이 들었다. 빈부격차를 다루는 창작물은 많았지만, 현실을 인정하면서도 공생에 화두를 던지며 새로운 방안을 상상하게 만드는 이야기가 될 것 같았다. 실제로 완성된 영화를 봤을 땐 스스로의 연기를 볼 겨를도 없을 만큼 영화의 완성도와 여운에 깊이 몰입하기도 했다.

세상 모든 조연들의 이야기

사실 이정은의 필모그래피를 들여다보면 '아줌마 1', '식당 이모', '여인숙 주인'처럼 이름 없는 배역으로 엔딩 크레디트에 오른 적이 많다. 하지만 같은 사람이 연기했다고 믿기 어려울 만큼 역할마다 완벽하게 어울리고, 마치 우리 주변에 실제로 존재하는 익숙한 사람을 데려온 것처럼 자연스럽다. 연기이기 때문에 실제가 아닌 가짜라는 걸 알면서도 사실이라고 믿게 만드는 설득력이 있다. 아무리 작은 배역이라도 그런 디테일을 살리는 노하우는 어디에서 오는 걸까.

"저는 '이런 사람 우리 주변에 분명히 있어.'라고 생각하고 그 근거를 찾는 걸 좋아해요. 우리가 뉴스를 보면 '뭐 저런 사람이 다 있나?' 싶은데, 다 이 지구상에서 벌어지고 있는 일이잖아요. 그런 것처럼 모든 역할에는 다 근거가 있다고 생각하거든요. 제가 〈원스〉라는 영화를 봤을 때, 기타를 치는데 어떤 사람이 돈 갖고 도망가는 걸 보고 저런 디테일이 있나 싶어서 엄청 웃었어요. 생각해보면 지금까지 영화에서 잘 다뤄지지 않아서 그렇지, 꼭 있을 법한 사람이 잖아요. 이제 우리 영화도 그런 다양한 캐릭터를 재치 있게 다루게 된 것 같아요."

짧게 지나가는 단역이나 조연에서도 이정은은 정형화된 틀을 깨고 캐릭터 하나하나에 개성을 부여한다. 특히 최근 들어 조연의 캐릭터가 다양해지고 여성 역할의 스펙트럼도 넓어지고 있는데, 시대적인 변화도 이정은에게는 너무나 잘 어울리는 시너지가 되었다. 영화 〈미성년〉에서는 방파제에서 주차비를 빌미로 돈을 뜯어내는 동네 아줌마였고, 드라마 〈미스터 션샤인〉의 함안댁도 단순히 하인이라기보다는 보디가드 같은 역할이었다. 예전 같으면 남성이 맡았을 법한 역할이지만 점차 성별과 관계없이 캐스팅 제의가 들어오며 배우로서 표현할 수 있는 영역도 점점 확장되고 있다.

사실 세상에는 완전한 악인도, 완전한 선인도 없다. 좋은 사람 같으면서도 누군가에게는 나쁜 사람일 수도 있고, 나쁜 짓을 하긴 했는데 또 어디선가는 좋은 사람처럼 여겨진다. 그래서 선악이 모호할 때 캐릭터는 더 사실적이다. 짧게 지나가는 조연이라 할지라도 표현 범위가 넓어지면, 시청자는 이 캐릭터가 화면 밖에서 입체적인 삶을 살아온 인물이라고 느낀다. 어디엔가 분명 있을 법하지만 잘 들여다볼 수 없는 사람들을 통해 '맞아, 이런 인생도 있었지.' 하며 주변을 둘러보게 하고, 또 인간의 새로운 면면을 알게 하는 게 연기가 가진 힘이 아닐까.

"그간 엄마나 아줌마, 누구의 처 등 이름이 없는 배역을 많이 했어요. 〈미스터 션샤인〉에서도 함안댁이었으니 이름이 없는 셈이잖아요. 하지만 그런 이름 없는 분들이야말로 이 세상을 이루는 중요한 지점이라고 생각합니다. 배우로서 좋은 연기를 하고, 세상의 많은 평범한 이들에게 좋은 영향력을 주고 싶어요."

이정은. 주변에 같은 이름이 두어 명은 있을 법한 흔한 이름이다. 화려한 세상 속에서 나 하나쯤 있어도 그만이고 없어도 티가 안 나는 먼지처럼 느껴지는 날이 있기 마련이지만, 이름 없는 단역들 모두가 각각의 삶의 무게와 의미를 짊어지고 있다는 것을 누군가는 알고 있다. 힘들고 때론 눈시

울이 붉어지는 밤도 있겠지만, 오늘도 조용히 꿈을 키우고 있는 세상 모든 단역에게 이정은은 드라마 〈눈이 부시게〉에 나온 명대사를 빌려 응원의 메시지를 전해본다.

"잘난 거랑 잘 사는 거랑 다른 게 뭔지 알아? 못난 놈이라도 잘난 것들 사이에 비집고 들어가서 '나 여기 살아있다! 나 보고 다른 못난 놈들 힘내라!' 이게 진짜 잘 사는 거야. 잘난 건 타고 나야 되지만 잘 사는 건 너 하기 나름이라고!"

5

내가 한 말을 지키려
노력하세요

∽

신뢰를 얻는 방법

백종원

'요리하는 CEO'라는 별명을 가진 요리연구가이자 외식경영전문가. 연세대학교 사회복지학과를 졸업하고 군대를 다녀온 뒤, 1993년 서울 강남 논현동에서 원조쌈밥집을 열면서 외식업에 첫발을 들여놓았다. 이후 국내 및 해외에서 본가, 한신포차, 새마을식당, 홍콩반점0410, 빽다방을 비롯한 20여 개 외식 브랜드를 운영 중이다. 중국, 미국, 일본, 호주, 싱가포르, 인도네시아, 말레이시아, 필리핀, 베트남, 캄보디아, 태국에도 진출해 한식을 세계에 널리 알리는 일에 힘쓰고 있다. 식당 창업에 대한 진실된 조언, 요리에 대한 열정과 전문성, 직접 개발한 각종 레시피를 보이며 믿고 먹는 브랜드로 단단히 자리매김했다.

"제가 〈골목식당〉에서
'제발 식당을 열 준비가 되지 않았거나
모르면 하지 말라.'고 하잖아요.
내가 좋아하고 아는 분야는
끝까지 파고들 수 있지만,
모르면 힘들게 사업할 수도 있어요.
그래서 사람은 진짜 좋아하는 일을 해야 해요."

바야흐로 백종원의 시대다. 전 국민이 부엌에서 프라이 팬에 파를 송송 썰어 넣고 파 기름을 내게 만들었으니, 그야 말로 집밥의 대중화를 이끈 장본인이라 해도 과언이 아니다. 번화한 거리 곳곳의 간판에도 가성비가 인증된 음식점이라 는 듯 백종원의 얼굴이 그려져 있다. 그런데 그도 한때 어렵 고 힘들었던 시절이 있었다고 고백한다. 백종원이 성공한 사 업가로서 골목식당의 초보 사장님들에게 안타까운 조언을 건네는 멘토를 자처하는 이유는 무엇일까.

남다른 관찰력과 실행력을 가진 소년

다양한 요리 프로그램에 출연하고, 워낙 유명한 레시피가 많아 백종원을 요리사로 생각하는 사람이 많다. 하지만 그는 스스로를 요리사가 아니라 외식경영전문가, 요리연구가라고 소개한다. 식당을 잘되게 만드는 그의 비즈니스 감각은 어릴 때부터 발휘됐다.

9살, 첫 장래 희망은 다름 아닌 버섯 농사꾼이었다. 특별 히 버섯을 좋아해서가 아니라, 어린 나이에 막연히 장사의 원리를 이해한 덕분이었다. 우연히 버섯 농장에 방문했는데, 손이 많이 가는 할아버지의 과수원 농사와 달리 버섯 농사는 별다른 투자나 노동 없이 버섯이 쉽게 자라나는 것처럼 보였다. 사장님 말로도 "나무 갖다 놓고 물만 뿌리면 버섯이 난다."고 했다. '저거다!' 어린 마음에 투자 대비 수익률이 높고, 인건비를 적게 들여 돈을 벌 수 있겠다는 계산이 초등학생의 머리에서 착착 이루어진 것이다.

증조할아버지가 만석꾼이라 지방치고는 집안 형편이 여유로웠는데도 돈을 버는 것에 관심이 많았다. 부모님께 용돈도 받았지만, 그 돈과 직접 버는 돈은 어디까지나 별개였다. 11살 때는 돈 버는 방법을 궁리해 직접 실행에 옮겼다. 소풍 시즌이 되면 여러 학교가 같은 날 소풍 장소에 모였다. 캔이 아닌 병에 담긴 음료수를 마시던 때라, 점심을 먹고 나면 콜라, 사이다, 우유 공병들이 어마어마하게 나왔다. 어린 백종원은 보물찾기 시간을 포기하고 리어카를 공수해 주변의 모든 공병을 쓸어 모았다. 수거한 공병이 리어카 6대 분량에 달할 정도였다. 그걸 고물상에 가져가 팔았더니 꽤 큰 돈이 수중에 들어왔다. 번 돈은 방위성금으로 기부했지만, 처음으로 벌어들인 수입을 좋은 일에 의미 있게 쓴 것에 대한 기쁨을 느꼈다. 내가 생각하고 실행한 일로 돈을 벌 수 있다는 사실이 놀라웠다.

소비자에 대한 책임을 배우다

백종원이 사업에 대한 개념을 어렴풋이나마 이해하기 시작한 건 고등학교 졸업 직후에 했던 첫 아르바이트에서였다.

입시를 향해 달려가던 고등학생이 가장 여유가 생기는 시기, 그때 친구 형의 중고차 판매를 도와주기로 했다. 손님을 유도해서 딜러에게 연결해주면 한 명당 얼마씩 수수료를 받는 간단한 일이었다. 이틀 정도 하니 시스템이 어떻게 돌아가는지는 알았다. 그런데 손님을 연결해줘도 딜러가 판매로 연결하지 못해 너무 답답했다. 딜러를 만나러 가는 몇 분 사이에도 손님의 니즈를 파악할 수 있었는데, 막상 딜러는 이를 알지 못해 자꾸 손님을 놓쳤다.

"형, 이거 내가 해보면 안 돼?"

그래서 차 판매에 필요한 정보를 재빨리 공부해 외운 뒤 본격적으로 판매에 나섰다. 생각보다 너무 쉬웠다. 손님이 원하는 게 가성비인지, 가격인지, 기능인지 유형을 파악하고 원하는 차를 연결해줬다. 그렇게 첫날 40분 만에 한 대를 팔고, 2주 동안 총 6대를 팔았다. 중고차 판매가 천직인가 싶을 정도로 짧은 시간 내에 큰돈을 번 것이다.

그런데 문제는 그다음이었다. 며칠 뒤 차를 샀던 손님이 다시 왔는데, 백종원을 보자마자 대뜸 따귀를 날리는 게 아닌가. 알고 보니 판매한 중고차가 허위 매물이었다. 미터기를 조작해 사고가 났던 차인데, 사무실에서 말한 대로만 믿고 판매했더니 손님에게 의도치 않은 거짓말을 해버린 셈이었다. 스스로도 엄청난 충격이었다. 결국 차 판매 업체에서 고객에게 모두 환불처리 해 주었고, 백종원은 일을 그만두게 되었다.

이를 계기로 큰 깨달음을 얻었다. 무언가를 판매할 때는 본인이 판매하는 것에 대해 스스로 공부하고 파악해서 정확한 정보를 소비자에게 제공해야 한다는 것이다. 또한 소비자와의 신뢰와 약속이 중요하다는 것을 몸소 체험했다.

그때 처음으로 일종의 장사 철학이 생겼다. 어떤 구조와 패턴으로 일이 흘러가는지, 어떤 요소를 알아야 하는지, 그리고 장사하는 사람은 소비자에게 어떤 책임을 가져야 하는지 배운 것이다. 다만 그때까지도 음식 관련 일을 할 줄은 전혀 몰랐다. 음식과 처음으로 접점이 생긴 것은 스무 살, 호프집 아르바이트에서였다.

치킨을 파는 호프집이었다. 80년대 초중반만 해도 지금처럼 치킨 배달 문화가 없었다. 주로 맥주를 마시는 손님들이 안주로 먹고 가는 식이다 보니, 주변에 아파트 단지는 많은데 치킨집이 전혀 없었다. 백종원의 계산으로는 분명 닭이 잘 팔릴 것 같았다. 가만히 있자니 아까워 '제가 어떻게든 해보겠다'며 할머니 사장님을 설득해 손으로 쓴 치킨 배달 전단지를 만들었다. '치킨을 주문하면 콜라를 드립니다.'라고 콜라 서비스를 명시한 전단지였다. 지금이야 기본적으로 콜라를 서비스로 주지만, 그때만 해도 획기적인 발상이었다.

아파트에 슬쩍 들어가 집집마다 우편함에 전단지를 꽂고 돌아왔다. 그런데 놀랍게도 전단지를 돌리고 돌아오자마자 전화기에 불이 난 듯 주문이 연이어 들어오기 시작했다. 이렇게까지 즉각적으로 엄청난 반응이 돌아올 줄은 생각도 못 했기에 기쁘기보다는 당황스러웠다. 마치 사고라도 친 것처럼 가슴이 쿵쾅거렸다. 별생각 없이 전단지만 돌렸지, 준비한 게 없어 당장은 배달 장사를 하지 못했다. 하지만 내가 생각한 전략에 소비자의 반응이 확실히 돌아온다는 게 너무나 놀라웠다.

얼마 지나지 않아 호프집 안주 메뉴에 불과했던 치킨이 주력 상품이 되었다. 치킨을 튀기기 위한 튀김기가 한 대에서 다섯 대까지 늘어났다. 그런데 예상치 못한 상황이 발생했다. 가게 사장님인 할머니가 힘들어서 못 하겠다며, 가게를 팔아야겠다고 선언한 것이다. 가게 매출을 쑥쑥 올리던 알바생 입장에서는 아쉬울 수밖에 없던 찰나, 사장님이 뜻밖의 제안을 했다.

"이 가게 네가 할래?"

하지만 돈 없는 대학생이 가게 인수를 할 수 있을 리는 없었기에, 사업자는 사장님으로 유지한 채 경영권만 넘겨받는 형태로 얼떨결에 '내 장사'를 처음 시작했다. 아르바이트를 할 때보다 훨씬 본격적으로 돈을 벌기 시작했는데, 돈을 벌어서 좋다기보다는 돈을 버는 과정 자체가 즐거웠다. 가게 운영은 하나부터 열까지 직접 계획하고 실행해 나가야 하는 일이다. 내가 기획해 차곡차곡 이루면서 가게가 성장하자 성취감이 생겼다.

조금 더 나은 방향을 고민하다

성공한 사업가라는 타이틀만 보고 부모 잘 만나 성공했다고 말하는 사람들이 있지만, 백종원은 집안의 금전적 도움 없이 차근차근 성장한 자수성가형이다. 물론 부모님의 영향이 컸다는 사실도 부정할 순 없다. 부모님이 음식에 관심이 많아 '식(食)'을 중요하게 생각하는 환경에서 자랐기 때문이다. 가족 외식을 하면 맛있는 집을 찾아 식당을 7, 8번씩 옮겨 다닐 정도로 한 끼를 먹더라도 맛있는 음식을 먹자는 게 아버지의 신조였다. 그런 아버지의 영향으로 백종원도 어릴 때부터 요리 연구를 즐겼다. 어릴 때 햄버거를 한 번에 10개씩 사다 놓고 얼려 먹곤 했는데, 누나들은 통째로 프라이팬에 구워 먹는 데 반해 백종원은 햄버거를 분해해 버터를 바르거나 생채소를 넣어 최대한 맛있게 먹는 방법을 고안했다.

백종원이 본격적으로 요리에 손을 댄 건 바로 군대에서

였다. 군 복무 시절 백종원의 보직은 간부 식당 관리 장교로, 원래는 아예 존재하지도 않는 보직이었다. 간부끼리 일정 금액을 내서 별도로 운영하는 간부 전용 식사 공간이 있었는데, 원래는 장교가 아니라 부사관이 맡아서 운영했다. 그런데 당시 새로 온 장군님이 굉장히 까다로운 입맛을 가진 분이었다. 식사가 너무 맛이 없다고 불만이 나오던 와중에, "제가 음식 좋아하니까 한번 해볼까요?" 하고 반쯤 장난삼아 참견했다가 정말로 보직을 바꿔 간부 식당 관리를 맡게 됐다.

막상 취사병을 통솔하고 메뉴를 개편하는 일은 생각보다 쉽지 않았다. 장교라고는 해도 백종원은 음식 관련 경력이 없는 초보였고, 취사병들은 사회에서 나름대로 식당 보조로라도 일해 본 기술이 있으니, 그 앞에서 어설프게 아는 척했다간 오히려 무시당할 판이었다.

"일단 보름 동안 지켜만 볼 테니 원래 하던 대로 해봐라." 하고 큰 소리를 친 다음 작전을 짰다. 보름 동안 퇴근할 때마다 간부 숙소에 무를 한 자루씩 가지고 들어가 무를 자르기 시작했다. 떡을 써는 한석봉 어머니의 심정으로 하루에 네다섯 시간씩 무를 자로 잰 듯 고르게 자르는 연습을 엄청나게 한 것이다.

그리고 보름 뒤, "이제부터 식단을 짜자, 내일 점심은 무생채로 하자. 무생채는 채칼 대신 칼질로 하는 거다." 하고 취사병들 앞에서 칼로 무 자르는 실력을 보겠다고 선언했다.

"채칼도 아니고. 칼질로는 못 해요, 부관님!"

상관이 요리에 대해 뭣도 모르면서 지시를 한다고 투덜거리는 분위기 속에서 드디어 그가 칼을 들었다.

그간 연습한 게 있으니 당연히 입이 떡 벌어질 정도로 능숙한 칼질을 선보였다. 다들 얼마나 놀랐겠는가. 기선 제압을 한 후에는 일사천리였다. 틈틈이 각종 메뉴를 치밀하게 공부해 지식을 방출하면서 주방을 진두지휘했다. 그렇게 일년쯤 공부하고 주변 음식점 사장님들께 조언도 얻고 곁눈질로 배우다 보니 자연스럽게 요리 실력도 늘었다.

큰 수확은 간부 식당을 단체 식당을 운영하듯 관리하면서 실제 식당 운영의 기본 원리를 저절로 익힐 수 있었다는 것이다. 농산물 유통에도 흐름이 있었다. 예를 들어 배추가 어떤 날은 2천 원이었다가 비가 오면 2백 원대로 떨어지고, 감자도 박스당 2만 원이었다가 어떨 땐 9천 원으로도 떨어졌다. 날씨나 상황에 따라서 가격이 휙휙 달라지는 걸 보고 저렴할 때 대량 구매해 재료를 운용하니 예산을 줄일 수 있었다. 트럭 단위로 구매해도 군대니까 감당이 된다. 좀 더 맛있게 식사를 할 수 있도록 장군님께 개인 뚝배기를 제안해 원래는 사발에 퍼주던 순두부찌개, 된장찌개, 김치찌개를 뚝배기에 보글보글 끓여서 내놓기 시작했다. 인기 없던 찌개 메뉴가 단번에 최고 인기 메뉴로 급상승했다.

어떻게 하면 좀 더 맛있게, 더 효율적으로 시스템을 갖춰

나갈까를 매번 고민하는 과정이 너무 재미있어서 군 생활 마지막 1년 동안은 외박이나 휴가도 안 나가고 식당을 운영하는 데 몰두했다. 군인이라면 보통 말년에 휴가를 많이 나가 부대에 없기 마련인데, 백종원은 전역 신고 전날까지 부대 행사에 뷔페를 차렸다.

돌이켜 보면 그 모든 경험이 지금의 백종원을 만드는 데 영향을 미친 셈이지만, 당시엔 이걸 배워서 식당을 하겠다는 생각은 없었다. 그냥 그 과정이 너무 재밌어서 자기도 모르게 열의에 불탔다. 음식을 좋아하고, 좋아하는 일로 칭찬을 받으니 어마어마한 시너지가 난 것이다. 하지만 이때만 해도 좋아하는 일을 사업으로 해야겠다는 생각보다는 그냥 큰 사업, 거대 기업을 운영하겠다는 막연한 포부만 있었다.

잘되는 사업과 안되는 사업의 차이

지금이야 장사 시작 전 '아이템 경쟁력'을 강조하지만, 청년 시절의 백종원은 막연하게 '큰 사업'을 해야겠다고 생각했다. 그나마도 집에서는 교육 쪽으로 진로를 결정하길 바라서 사회복지학과를 전공하긴 했는데, 적성과 상관없이 진학했더니 대학 공부에서 재미를 느끼지 못해 결국 사업 쪽으로 진로를 틀었다. 뭘 해야 할지는 모르겠지만 큰 사업을 하려면 건설이나 무역 관련해 큰 기업을 만들어야 한다는 생각이었고, 그렇게 처음 시작한 사업이 인테리어 회사였다.

친구가 인테리어 회사를 해보라고 추천해서 얼떨결에 시작했는데, 사무실을 차려놓고 아무리 기다려도 전화 한 통이 안 왔다. 당연한 결과였다. 아무런 홍보도, 노력도 안 하고선 사무실만 차리면 알아서 의뢰가 들어오리라고 태평하게 생각했던 것이다. 이전에 치킨 배달 전단지를 돌리고, 하루에 서너 시간씩 무를 썰었던 사람과 같은 사람이라곤 생각할 수 없을 정도로 행동력이 없는 모습이었다. 좋아하는 일에는 푹 빠져서 여러 가지 시도를 해보고 성과도 냈는데, 모르는 분야에서는 전혀 다른 행동을 했다.

"그래서 제가 〈골목식당〉을 하면서, 식당 운영에 대해 모르거나 준비가 안 되어 있으면 제발 하지 말라고 하는 거예요. 같은 사람이어도 내가 좋아하고 알고 있는 분야라면 끝까지 파고들 수 있지만, 모른다면 힘들게 사업할 수도 있어요. 그래서 사람이 진짜 좋아하는 일을 해야 한다는 거지."

도통 손님도 없고 전화도 안 오니 무료했다. 근처에 아는 사람이라곤 사무실을 중개해준 부동산 사장님밖에 없었다. 그러다 하루는 가게 매물 상담을 하는 사장님에게 별생각 없이 인사치레 삼아 한마디를 건넸다.

"요즘 식당 자리 괜찮은 거 없어요?"

이미 벌린 인테리어 사업도 안 풀리는 판에 식당까지 하겠다는 포부가 있었을 리 없었다. 말 그대로 그냥 던져본 빈말이었는데, 부동산 사장님이 "식당 하게?" 하고 되묻더니 좋은 자리가 있으니 소개해 주겠다며 앞장섰다. 이미 벌어진 상황에 농담이었다고 할 수도 없어 별수 없이 따라나섰다.

일단 가게를 보러 가면서 어떻게 상황을 무를 것인지 생각했다. 가서 슬쩍 둘러본 다음에 권리금이 너무 비싸다는 핑계를 대며 터무니없이 권리금을 낮춰 불렀다. 당연히 계약 성사는 생각도 안 했는데 웬걸, 다음 날 부동산 사장님에게 전화가 왔다. 말도 안 되는 금액에 맞춰주기로 했으니 계약을 진행할 수 있겠다는 것이다. 그쯤 되니 이미 엎어진 물이었다.

그렇게 계약한 백종원의 첫 식당이 바로 논현동 쌈밥집이었다. 당시엔 쌈을 좋아하지도 않았다. 생각지도 못한 식당 계약에, 본인도 잘 먹지도 않는 쌈밥을 팔게 된 것이다. 어쨌거나 쌈밥을 어떻게 팔아야 할지 고민하기 시작했다. 일단 주방장을 구해야 하니 인력 시장에서 부산 아주머니를 구했다. 군대 식당 지휘만 해본, 식당에서 일해본 적 없는 초심자 백종원은 호랑이 같은 인상의 부산 아줌마에게 일단 기가 눌렸다. 하지만 막상 고등어조림에 푸성귀 쌈, 막장으로 구

성된 쌈밥 메뉴를 먹어보니 영 입맛에 차지 않았다. 백종원
은 슬쩍 눈치를 보고 건의를 했다.

"제가 시골에서 쌈 싸 먹을 때는 된장에 호박, 양파, 고기도
넣어 볶아서 먹었는데 막장 말고 그렇게 해보면 안 될까요?"

베테랑 주방장에게 단번에 거절당했지만 굴하지 않고 기
존 막장과 백종원표 쌈장을 동시에 내어 손님들 반응을 보자
고 주장했다. 결과는 백종원의 승리였다. 그렇게 막장 메뉴
를 교체하고 나니 재미가 붙었다. 내가 생각한 메뉴에 손님
들이 반응한다는 희열감도 있었지만, 이젠 거기서 끝나지 않
고 매출도 함께 올랐다. "여기 쌈장이 맛있더라." 하고 들어
오는 손님들을 보면 온몸에 전율까지 흘렀다.

그다음으로 생각한 전략은 바로 삼겹살의 원가 절감이었
다. 근처에 이미 유명한 삼겹살 식당이 있었는데, 그곳과 경
쟁하려면 저렴한 가격으로 양을 늘리는 방법밖에 없었다. 다
른 방법이 없나 고민하던 중, 고기를 가게에서 직접 썰어주
면 손님들에게 조금 더 많은 양의 고기를 제공할 수 있지 않
을까 생각했다. 그렇게 시장에서 원육을 사서 냉동실에 얼린
뒤 고기 써는 기계를 샀는데, 막상 썰어보니 고기가 얇게 돌돌
말린 채로 썰려 나왔다. 알고 보니 얇은 햄 슬라이스를 써는
기계로 잘못 구입했던 것이다. 처음에는 고기를 일일이 펴서
내어주다가 손이 많이 가 시그니처 메뉴로 만들어 버렸다.
지금은 누구나 알고 있는 대패 삼겹살의 탄생이었다.

"처음에 돌돌 말린 삼겹살을 내어줬더니 어떤 손님이 '이게 뭐야, 삼겹살이 대패밥처럼 둘둘 말려서는!' 하고 화를 내더라고요. 그렇게 항의하는 걸 듣고 이름을 지었어요. 대패 삼겹살이라고."

얇은 대패 삼겹살을 찍어 먹을 소스도 고민이었다. 맛있는 소스를 만들어도 삼겹살을 찍어 먹으면 그 위에 기름이 뜨는 게 문제였다. 이는 뜻밖의 방법으로 해결할 수 있었다. 하도 고민했더니 꿈에도 삼겹살이 나왔는데, 사람들이 삼겹살을 소스에 담가서 양념을 입힌 뒤 구워 먹고 있었다. '별 꿈을 다 꿨네.' 하고 일어나서 곰곰이 생각해보니 그게 또 말이 되는 것도 같았다. 새벽에 가게에서 실제로 해보니 소스 위에는 기름이 뜨지 않았고, 찍어서 먹는 것과 맛이 크게 다르지 않았다.

그렇게 야심 찬 신메뉴를 준비했는데, 진짜 문제는 여기부터였다. 대패 삼겹살이 손님들에겐 낯선 메뉴라 팔리질 않는 것이다. 맛은 똑같아도 보이는 게 그만큼 중요하다는 사실을 그때 느꼈다. 그래서 메뉴에 '대패 삼겹살을 드시면 밥을 볶아드립니다.'라고 써 붙였다. 철판에 고기와 파무침 등을 넣어 볶는 마무리 볶음밥을 마다할 한국인이 있을까? 그런데 막상 팔아보니 일반 삼겹살을 먹다가 볶음밥을 먹기 위해 마지막 1인분만 대패 삼겹살을 시키는 현상이 반복됐다.

대패 삼겹살이 아닌 볶음밥이 메인이 되는 주객전도의 상황
이 벌어지자 규칙을 바꿨다.

'처음부터 대패 삼겹살을 드시면 밥을 볶아드립니다.'

손님들과 소통하면서, 어찌 보면 밀고당기기를 하면서 가
게 운영 방법을 터득한 셈이다. 이후 1993년, 운 좋게도 독
특한 삼겹살이라며 신문사에서 취재도 나오고, 점점 유명세
를 탄 손님이 늘었다. 이렇듯 우연에 우연이 겹치고, 음식 연
구와 개발을 하면서 자기도 모르게 요식업의 길로 입문했다.

힘든 순간, 오뚜기처럼 일어나다

식당 일은 재미있었지만 마음 한편에는 '이 길은 내 길이
아니다.'라는 생각이 늘 머릿속에 자리 잡고 있었다. 꿈꾸던
모습은 정장을 차려입고 뒷짐 지며 돌아다니는 건축 회사 사
장님인데, 하루 대부분을 식당에서 보내고 있었기 때문이다.
손님들에게 말로는 친절하게 "맛있게 드십시오." 하면서 응
대했지만 때때로 자존심이 상했다.

"지금도 식당 하시는 분들이나 우리 점주들한테도 그런 말
을 해요. 손님에게 친절하게 대하는 것도 내 마음이 허락
하는 정도에서 해야 한다. 내가 겪었거든요. 나중에 결국

어떤 곳으로든 화풀이를 하게 돼요. 자연스럽게 해야지, 서비스업에 종사한다고 해서 꼭 억지로 친절해야 한다는 강박관념을 가질 필요는 없어요."

한동안은 꿈꾸던 CEO의 모습과 쌈밥집에서 손님들에게 굽실거리는 모습 사이에서 마음의 갈피를 잡지 못했다. 그러던 중 인생이 또 예상치 못한 방향으로 흘러갔다. 모든 게 한번에 와르르 무너지는 일이 생긴 것이다.

쌈밥집에서 벌어들인 수익으로 겨우 유지만 하고 있던 인테리어 회사에 기회가 왔다. 지인이 목조 주택 건축 자재 수입하는 일을 추천했는데 '이거다!' 싶었다. 여태껏 하고 싶은 건축 일을 시작했다. 운 좋게도 당시 우리나라에 목조 주택 붐이 일면서 자재 수입뿐만 아니라 건설까지 하는 회사를 차릴 수 있었다. 그럴듯하게 양복을 빼입고 다니면서 사업을 점차 확대해 나갔다.

수입 자재로 집을 지어줄 때 평당 가격으로 계약을 한다. 그런데 IMF가 터지면서 자재 환율이 두 배로 뛰었다. 이미 기존 환율 기준으로 계약했는데, 갑자기 자재비를 두 배로 감당하게 된 것이다. 그렇다고 계약한 건을 전부 취소할 수도 없고 이미 진행되고 있는 건들도 있으니 울며 겨자 먹기로 집을 지었고, 결국 남은 건 인건비나 기타 자재에 지불해야 하는 빚뿐이었다.

"방법이 없는 거예요. 현장에서 같이 일했던 분들에게 지금 해야 하는 인건비가 없었으니까. 그래서 식당으로 다 오시라고 했어요. 쌈밥집 2층에 다 같이 모여서, 내가 무릎을 꿇고 얘기했어요. 지금 방법이 없고 이 식당 하나 남았는데, 이걸 정리하고 나눠 가져도 부족하니까 만약 나에게 기회를 준다면 내가 식당으로 어떻게든 일어나겠다."

어떻게든 일어날 자신이 있으니 기다려 달라고 호소하자 기다려 주겠다고 수긍했다. 그때 이미 빚은 10억이 넘어가고 있었다. 불과 한 달 전까지만 해도 현장을 여유 있게 돌며 사장님 대접을 받다가 한순간에 밑바닥으로 떨어져 고개를 조아렸다. 인생에서 처음으로 맞닥뜨린 추락의 순간이었다. 심지어 다 이루었다고 생각한 시점에서 모든 게 와장창 무너졌으니, 사실은 내가 아무것도 아니었다는 무기력함과 좌절이 백종원을 더 크게 뒤덮었다.

"너무나 인생에서 죽을 만큼 힘들고 고통스러운 나날을 보내고 있을 때, 머리를 식힐 겸 잠시 떠나고 싶었어요. 그래서 이왕 가는 거 한 번도 안 가본 홍콩에 가봐야겠다는 생각이 들었죠. 미식의 천국 홍콩을."

그렇게 급작스럽게 홍콩에 갔다. 이곳저곳 돌아다니는데

높은 빌딩 숲 사이로 맛있는 냄새가 폴폴 풍겨왔다. 이쪽을 보니 기름진 차슈가 걸려 있고 또 저쪽에선 뽀얀 딤섬에서 김이 솔솔 나고 있었다. 어느새 넋을 놓고 걷다가 일단 먹어야겠다 싶어 가게에 들어갔다. 이것저것 먹다 보니 배는 부르고, 더 먹어봐야 할 음식이 천지에 널려있고, 안 좋은 생각도 슬그머니 사라지면서 이 아이템으로 다시 무언가를 해보고 싶다는 아이디어가 떠올랐다. 이 상황에서도 사업 아이템이 보이는 걸 보면 영락없는 사업가 체질이었다.

한국으로 돌아왔지만 녹록지 않은 현실이 여전히 그대로 남아 있었다. 식당 전단지를 만들어 직접 아파트 단지에 돌리고 다니고, 경비 아저씨에게 잡혀서 망신도 당하고, 그러면서 쌈밥집을 거의 24시간 동안 운영했다. 여기에 포장마차 운영을 시작했다. 경기가 나빠졌으니 포장마차를 찾는 사람이 많을 것 같았다. 어려울 때 많이 찾는 포장마차의 낭만과 분위기는 유지하되, 더 깔끔한 대형 실내포장마차를 만들어보자 싶어 한신포차를 만들었다. 낮에는 쌈밥집에서 일하다가 밤에는 새벽까지 한신포차에서 일하며 고작해야 4시간쯤 자고 일어나는 살인적인 스케줄을 감당했다. 그 생활을 2년쯤 하자 비로소 이자라도 감당할 수 있는 수준이 되었고, 그땐 그것만으로도 너무나 감사했다. 가게 운영 노하우가 쌓이면서 손님들에게 무리한 친절을 보여주기보다 할 수 있는 만큼 보여주자고 생각하니 마음도 편해졌다.

창업하려면 안되는 가게를 가봐야 한다

누구나 한 번쯤은 퇴직 후 '내 가게'를 갖는 것을 생각하기 마련이다. 그래서일까, 우리나라 외식업계는 과포화 상태라 할 만큼 창업 사례도 많지만 실패 사례도 많다. 그래서 백종원은 〈골목식당〉이라는 프로그램에서 "준비가 되어 있지 않으면 쉽게 식당을 열지 말라."고 수차례 조언한다. 뻔한 이야기지만 식당 일은 그 일을 좋아하지 않거나 사명감이 있지 않으면 생각보다 견디기 어렵다. 외식업을 하지 말라는 말이 아니라, 창업 결정에는 반드시 충분한 준비가 필요하다고 경고하는 것이다. 백종원은 우선 창업 전에 세 가지 원칙을 세우고 실천하도록 조언한다.

첫째, 파리 날리는 가게부터 답사해라. 둘째, 메뉴와 가격을 정하는 것은 직관적이고 단순하게 정해라. 셋째, 매출보다 재방문율을 주목하라.

"사실 장사든 뭐든 자기가 좋아하는 일을 해야 해요. 그래도 장사를 할 거라면 일단 사람 만나는 걸 좋아해야 돼. 또 음식 장사를 하려면 많이 먹으러 다녀야 해요. 잘되는 가게가 아니라 안되는 곳을 가 봐야 하고요."

보통 창업 아이템을 정하고 나면 잘되는 식당에 가서 보고 희망에 부풀어 오른다. 잘되는 가게의 부족한 점만 체크하면서 나는 더 잘해야겠다는 마음으로 대비하는데, 정작 내 가게가 안되는 상황에 대한 대비는 부족하다. 반드시 안되는 가게에 가서 '이게 만약 내 가게면 어떡하지?' 하는 생각을 해봐야 한다. 남는 식재료를 어떻게 관리할지 고민하고, 또 상권에 문제가 없는지 살피다 보면 무조건 잘할 수 있을 거라는 환상이 깨진다. 심지어 음식도 맛있는데 대체 왜 장사가 안되는지 파악하기 어려운 경우도 있다. 그러면서 일부는 장사를 포기할 수도, 또 어떤 일부는 소중한 교습 시간을 보낼 수도 있다.

백종원도 수많은 프랜차이즈 브랜드를 운영하는 만큼 직접 메뉴 개발에 참여해 수많은 신메뉴를 먹어본다. 입맛은 사람마다 다르지만, 가장 많은 사람이 좋아할 수 있는 맛을 찾으려고 노력한다. 가격을 정할 때도 경연 심사위원처럼 한입 먹어보고 신중하게 분석하고 논의할 것 같지만 전혀 아니다. 맛을 본 다음, "자, 이거 5천 원이면 사 먹을 사람! 6천 원이어도 사 먹을 사람!" 하는 식으로 결정한다. 만약 그 가격에서 타산이 맞지 않는다면, 그 메뉴는 실패한 셈이다.

"사람 입맛을 마름모로 그린다면 제 입맛은 그 중간에서 살짝 위였어요. 그러니까 내 입에만 맞추면 성공 확률이 컸죠. 그런데 이제는 저도 나이가 들어 입맛이 바뀌었거든요.

그래서 젊은 직원들을 모아놓고 입맛을 겨냥하는 거죠. 핵심 대상을 정하고 집중 공략하면, 나머지 사람들도 결국 따라오게 되어 있어요."

이렇게 가게를 오픈했다면, 내 가게가 잘될지 아닌지 여부는 당장의 손님 수가 아니라 재방문율을 통해 알 수 있다. 재방문율이 좋다면 지금 손님이 적더라도 꾸준히 반응을 기다려볼 가치가 있다.

"제가 빚지고 고생하면서 다 해본 실수들이기 때문에 말할 수 있는 거예요. 나도 장사가 안되면 마음이 급해지니까 여러 가지 시도를 해 봤어요. 그러면서 준비가 부족하거나 조급하게 시작하면 더 안된다는 걸 깨달은 거죠. 지금 〈골목식당〉에서 하는 조언은 머리가 아닌, 다 경험에서 우러나와 하는 말이에요."

백종원이 자주 말하는 것처럼 장사하는 사람들은 외롭다. 경험에 기반해 체계적으로 가르쳐주는 사람도 없고, 의지하고 기댈 데도 없으니 맨땅에 헤딩하듯 시작하는 사람이 대부분이다. 그걸 알기에 백종원은 방송을 통해 안타까운 식당 사장님들에게 조언을 한다. 일반 소비자들에게 음식 만드는 사람들에 대한 이해를 높이고 싶은 마음도 컸다. 이 음식을 왜 이 가격에 파는지, 식당 운영이나 서비스는 왜 이렇게 이루어지는지, 소비자들의 이해가 음식 만드는 사람들에게는 큰 힘이 되고 또 더 좋은 식당을 만드는 시너지를 일으킬 수도 있기 때문이다. 경쟁력 있는 외식 업체들이 살아남고 건강한 외식 문화가 만들어지길 바라며, 멘토 백종원은 때로는 쓴소리로, 때로는 칭찬과 인정으로 그들을 응원하고 있다.

백종원이 꿈꾸는 미래

백종원이 앞으로 꿈꾸는 미래는 뭘까. 해외에 프랜차이즈를 내면서 한식의 해외 진출에 대해서도 큰 관심이 있다. 사실 한식은 해외에 진출해 있지만 아직도 갈 길이 멀다. 백종원은 그들을 한식에 매료시키려면 한식을 특별한 날이 아닌 일상에서 먹게 만들어야 한다고 본다. 그때야말로 진짜 한식의 세계화가 이루어졌다고 말할 수 있지 않을까.

"많은 사람이 한식을 접하게 만들려면 가격 경쟁력을 갖춰야 하기 때문에 현지의 식재료를 이용해야 해요. 대신 만드는 방법은 우리나라 전통의 레시피를 준수해야죠. 가장 우려하는 부분이 '한식의 무분별한 변형'이에요. 배추를 절이고 젓갈을 넣어 만드는 우리나라 김치의 정통 레시피를 알려주지 않으면, 현지인들 사이에선 시큼한 배추에 식초 넣고 볶으면 김치 비슷한 맛이 나더라 하고 일반화될 수 있다는 거죠. 그래서 유튜브나 다양한 방법을 통해서 한식 레시피를 정확하게 공유해야 한다고 생각해요."

외국 유튜버들을 한국에 초청해 한국을 즐기는 방법과 여러 식당, 음식을 소개해 외국인들의 관심을 유도하고, 또 우리 전통 레시피를 친숙하게 알려준다면 차차 한식의 세계화가 가능하지 않을까. 예전부터 한식의 세계화 방법에 관한 논의는 많았다. 방향성에 대해서는 지금보다 더 자연스럽게 단계별로 스며들 수 있는 대안이 필요하다는 생각이다.

백종원은 실제로 외국에서도 한식 레시피를 바로 접할 수 있도록 유튜브를 통해 활발히 활동하고 있다. 스스로 말한 그가 꿈꾸는 미래는 벌써 현실이 되기 시작했는지도 모른다. 가장 좋아하는 일을 할 수 있어서 행복하다는 백종원은 지금도 제일 설레는 순간이 '뭘 팔까'가 아니라 '뭘 먹을까'를 생각하는 순간이라고 말한다. 그는 여전히 좋아하는 일을 즐기며 끊임없이 음식 개발에 연구하고 도전하고 있다.

"왜 어떤 일을 좋아하고 계속하게 되는지 좀 알 것 같아요. 제가 음악을 하잖아요, 그런데 되게 웃긴 기억이 있어요. 유치원 때 학예회에서 제가 캐스터네츠를 치고 있었어요. 그런데 너무 별로인 거예요. 다른 애들은 바이올린도 하고 멋있는데 나는 눈에도 안 띄고 너무 싫었어요. 그런데 큰북을 치는 아이가 갑자기 손을 다친 거예요. 선생님이 '큰북 칠 사람?' 하는데 제가 '저요, 저요!' 하면서 손을 들었죠. 그렇게 학예회 때 큰북을 막 치는데 저쪽에 어머니가 앉아 계신 게 보이더라고요. 그래서 더 신명이 나서 엄청 열심히 쳤어요. 끝나고 나니까 다른 학부형들이 우리 어머니한테 '아들이 음악을 너무 잘해요.' 하고 한마디씩 해주시고, 어머니도 저한테 '너 음악에 재능이 있나 보다.' 하고 칭찬을 해주셨어요. 그래서 그때 '아, 난 음악에 재능이 있구나.' 하면서 저 스스로 음악을 잘하는 아이라고 믿고 살았어요. 그다음부터는 음악만큼은 정말 잘하고 싶은 마음이 커다랗게 생긴 거예요. 그때 칭찬받은 기억이 저에게는 이 일을 하게 된 동력이 됐어요."

백종원
╳
유희열

6

내 인생의 주도권을
나에게 주세요

∽

중심을 지키는 방법

김숙

다방면으로 활동하는 코미디언 겸 MC. KBS 공채 개그맨 출신으로, 2020년 KBS 연예대상을 수상했다. 오랜 무명 생활 끝에 송은이와 함께 〈비밀보장〉이라는 팟캐스트를 진행하며 고민에 대한 명쾌하고 시원한 답변으로 인기를 얻기 시작했다. 이후 가상결혼 프로그램인 〈님과 함께〉 시즌 2에 윤정수와 가상 부부로 출연해 '숙크러시'로 열연하면서 기존의 성 개념을 엎는 주옥같은 명언을 쏟아내며 큰 호응을 얻었다.
남초였던 예능계에서 〈밥블레스유〉, 〈언니들의 슬램덩크〉, 〈비디오 스타〉 등 여성 중심의 예능을 이끌며 이제 우리나라 예능계를 대표하는 희극인으로 자리매김했다.

"프로그램을 고르는 기준이 있다면,
'내가 하고 싶은 걸 하자'는 거예요.
그러면 실패해도
누구 탓이 아니라 내 몫이에요.
하고 싶어서 했는데 반응이 별로면,
그냥 어쩔 수 없는 거죠, 뭐."

시대가 바뀌었다. 그동안 우리가 당연하게 생각해오던 삶의 방식, 행동, 가치관, 그리고 상식들이 달라지고 있다는 뜻이다. 그간 우리 사회에 스며들어 있던 어떤 가치관은 사장되고 또 어떤 소수의 주장이 재조명되기도 한다. 급류의 방향을 좇다 보면 이전부터 묵묵히 제 갈 길을 걷고 있던 얼굴을 마주하게 된다. 남들이 뭐라 하든 자신이 원하는 선택을 해오던 사람, 김숙은 모두가 가슴속에 담고서도 내뱉지 못했던 한마디를 툭 털어내며, 우리 사회의 당연한 것들이 알고 보면 당연한 게 아니었다는 사실을 불현듯 깨닫게 한다. 때로는 까칠한 듯 모난 말도 김숙이라는 프리즘을 거치면 공감과 통쾌함이 되어 꽂힌다. 사회적 관념을 깨고, 아무도 불편하게 하지 않는 선에서 자신의 세계를 견고히 지키며 대세 중의 대세가 된 김숙을 만났다.

함부로 하는 고민 상담

누군가 10년째 붙잡고 시도하고 있는 일이 있는데 좀처럼 나아갈 길이 보이지 않아 고민이라면 어떤 조언을 해줄 수 있을까? 주변의 반대에 굴하지 말고, 하나의 목표를 붙들고 끝까지 노력하라는 막연한 긍정의 응원이 언제나 정답일 수 있을까?

"현실의 벽에 막혀서 고민할 때 '여러분, 하실 수 있어요.'
이런 긍정적인 이야기를 보통 많이 해주잖아요. 그런데 나
는 그게 어렸을 때부터 너무 마음에 안 들었어요. 어떨 땐
'그냥 때려치워!'라고 얘기하고 싶어요."

노력하면 언젠가 무조건 해낼 수 있다고, 그러니 끝까지
포기하지 말라고 응원을 보태는 건 너무 쉬운 일인지도 모른
다. 하지만 때로는 그 정도면 충분히 했다고, 그만둬도 괜찮
다는 말이 용기를 줄 때도 있다. 팟캐스트 〈송은이 김숙의 비
밀보장〉은 정답처럼 보이는 말 대신 때로는 단순하게, 때로
는 맵고 쓰더라도 현실적인 솔루션으로 명쾌한 상담을 해준
다. 김숙의 부캐 '에레나 선생님'은 사소하고 때론 무거운 청
취자들의 고민에 대해 오래 생각하지 않고 직관적으로 시원
시원한 답을 내놓는다.

이를테면 "다이어트를 해야 하는데 후식을 못 끊겠어요.
어떡하죠?"라는 질문에 "후식 참는 법? 본식을 어마어마하게
많이 먹어!"라고 호쾌한 해결책을 알려주는 식이다. "언니,
남자친구랑 3년을 만났는데…." 하는 연애 상담에는 "나한테
연애 얘기하지 마, 이런 건 최화정 씨한테 가서 물어보세요."
하고 상담을 종료해 버린다. 다른 매체처럼 "사랑하세요, 화
해하세요." 하고 무작정 힘을 북돋는 응원은 좀처럼 하지 않
는다.

〈비밀보장〉은 송은이와 김숙이 '불러주는 데가 없어서 시작했다'는 팟캐스트다. 자체적인 채널을 만들어 방송에서 못 하는 것들을 해보자는 생각이었다. 처음엔 자신들도 '이게 될까?' 하고 반신반의하며 시작했는데, 얼마 지나지 않아 팟캐스트 순위 최상위권에 올랐을 뿐 아니라 어느덧 콘텐츠를 확장해 나가며 '컨텐츠랩 비보'라는 회사까지 설립하게 됐다.

에레나 선생님은 짧은 상담 이후에 청취자들의 고민을 해결해줄 만한 친분 있는 연예인에게 전화를 걸어 본격적으로 긴 상담에 들어간다. 마찬가지로 힐링을 주는 조언보다는 경험자에게서 체득할 수 있는 실질적인 정보를 얻는 식이다.

첫 회의 상담 내용이 "저는 게이인데, 부모님께 언제 이야기하는 게 좋을까요?"여서 홍석천 씨에게 전화를 했다. 그는 "언젠가는 부모님도 이해하고 응원해 주실 거예요."라는 희망적인 답 대신 "본인이 나와 살 수 있는 집부터 구한 뒤에 얘기하세요."라고 조언했다. 부모님에게 무작정 커밍아웃을 했다가 집에서 쫓겨날 수도 있는데, 그때 갈 곳이 없으면 자칫 나쁜 길로 빠질 수도 있다는 말이었다. 그이기에 해줄 수 있는 조언, 그리고 〈비밀보장〉이라서 가능한 단도직입적인 상담이다.

공들여 희망을 심어주거나 따뜻하게 감싸주기보다 그동안의 통념에서 벗어나 거침없이 부딪치는 상담. 그런데 그게 왜 이토록 속을 시원하게 뚫어주는 걸까? 〈비밀보장〉의 상담은 무한한 가능성을 될 때까지 붙잡고 노력하라는 식으로 청춘의 근성을 채찍질하지 않는다. 대신 열심히 하는 것도 좋지만, 내가 행복하지 않다면 일정 영역을 포기하는 것도 나쁘지 않다는 점을 솔직하게 알려준다. 이 역시 김숙의 경험에서 나온 조언이다. 열심히 할 때는 하되, 열심히 한다고 다 되는 게 아닐 땐 '하차할게요'의 결정이 필요할 때도 있었다.

"예전에 방송을 하다가 다 잘렸어요. 당시 경력에 비해서 제가 출연료를 제일 적게 받았었거든요. 그런데 그 프로그램이 시청률이 조금 떨어져서 힘들어지면, 제일 먼저 나부터 나가라고 하는 거예요. 아니, 메인 MC가 재미없어서 그런 건데, 내가 시청률에 얼마나 영향을 줬다고 나를 잘라? 그런데 그냥 '아, 그래! 잘 먹고 잘 살아라.' 그랬어요."

물론 나가라는 통보가 오더라도 "더 열심히 해볼게요." 하고 되는 데까지 버텨볼 수도 있다. 매니저가 3개월만 더 해보도록 부탁하겠다고 나선 적도 있지만, 김숙은 그냥 미련 없이 털어냈다. 눈치를 보면서 원치 않는 자리를 유지하는 건 무엇보다 자신의 마음을 불편하게 하는 일이었다. 가진 게 많으면 지켜야 할 것도 많아 가끔은 비굴해져야 할 때도 있는 법이지만, 애초에 가진 게 아무것도 없다고 생각하니 과감한 선택도 자유롭게 할 수 있었다.

방송 일을 오래 하다 보니 비슷한 일이 적지 않았다. 새 프로그램에 합류하게 되어서 미팅도 하고, 프로필 촬영 날짜까지 잡았는데 바로 전날 캐스팅이 취소된 적도 허다했다. 데뷔하고 오랜 기간 거의 일이 없었다 보니 쉽게 자르고, 무시하고, 괄시하는 사람도 많았다. 연예인 여러 명이 모인 자리에서 김숙만 쏙 빼고 선물을 주거나 섭외를 하며 대놓고 차별하는 사람도 있었다. 주변 사람들이 다 잘나가는 상황에서 그런 대우를 받는 게 상처가 될 수도 있었지만, 그렇다고 두고두고 상처를 곱씹거나 그들에게 앙심을 품지는 않았다.

"괜찮았어요. 나중에 잘되고 나서 그분들에게 섭외 연락이 왔을 때 시원하게 깠으니까."

누가 나를 함부로 대한다고 해서 나까지 휘둘리며 상처받을 필요는 없다고 여겼다. 오히려 내가 먼저 "하차할게요." 하고 쉽게 뱉어버리는 일종의 여유도 생겼다. 우리 사회는 포기하지 않고 끝까지 버티며 결국 해내는 성공 신화를 추켜세우고, 그런 끈기와 인내심을 일종의 미덕으로 삼는 경향이 강하다. 그래서 포기하거나 도망치고 싶을 때, 사람들은 스스로에게 실망하곤 한다. 버텨서 살아남으면 훌륭한 것이고, 그만두면 실패처럼 여겨지니까. 하지만 무작정 견디고 애쓰는 것이 옳을까? 또, 훌륭하지 않으면 내 삶의 가치가 떨어질까?

어쩌면 이 자리가 내 것이 아니다 싶을 때, 언제든 그만 둘 수 있다는 마음이 오히려 더 다채로운 시도를 할 수 있게 만드는지도 모른다. 다른 기회를 만들어내겠다는 확신과 자신감이 있기에 과감히 '하차할' 수 있는 것이다. 김숙도 20여 년의 공백기 동안 아등바등 끝까지 해내려고 애쓴 적도 많았다. 하지만 노력이 꼭 내 뜻대로 결실을 맺어주지는 않는다.

"나 혼자 사는 것도 아니고, 내가 열심히 한다고 해서 다 잘 되는 것도 아니고, 그 주변 상황이나 누구의 말 한마디에 상황이 달라지기도 하거든요. 그래서 오히려 다 내려놓으니까 승부욕이 좀 없어지더라고요."

그만두기도 내가 할 수 있는 나의 선택 중 하나다. 꼭 무엇을 이루려는 것이 아니라도, 손에 쥔 걸 내가 원할 때 내려놓는 것이라도 괜찮다. 내 선택을 스스로 존중하는 방법을 터득하는 것도 끝끝내 노력하여 성공하는 것만큼이나 소중하다.

김숙은 언제나 김숙이었다

'컨텐츠랩 비보'의 이사인 김숙의 명함에는 '급스타 김숙'이라고 쓰여 있다. 데뷔한 지 20여 년이 넘었는데 점차 예능과 코미디의 트렌드가 바뀌면서 김숙은 최근 4~5년 동안은 말 그대로 급스타, 티비만 틀면 볼 수 있는 가장 바쁜 스타 중 한 명이 됐다.

오랫동안 예능에서 여성 캐릭터는 주체적인 남성 캐릭터와 달리 다소 수동적이고 한정적인 이미지였다. 김숙은 애초부터 기존의 공식을 따르지 않았다. '여자는 이래야 한다'라는 기준을 성큼 벗어나 '그러지 않아도 돼!'라는 메시지를 거침없고 명쾌하게 드러냈다. '난다김'이나 '따귀소녀' 같은 콩트 캐릭터가 그랬다. 그러다 예능 트렌드가 리얼리티로 바뀌면서 김숙 본연의 캐릭터가 더욱 설득력을 얻게 됐다.

이런 김숙의 캐릭터가 가장 대중들에게 강렬하게 각인된 건 윤정수 씨와 가상 결혼 프로그램 〈님과 함께〉 시즌 2에 출연했을 때였다. 가상 부부로 결혼생활을 시작한 김숙은 "남자가 조신하니 살림을 잘해야 한다.", "남자 목소리가 담장을 넘으면 패가망신한다.", "그깟 돈이야 내가 벌면 되지." 등의 명언을 남기며 성별에 대한 기존의 편견을 거침없이 뒤집었다.

사실 〈님과 함께〉 출연에는 비하인드 스토리가 있다. 전에도 비슷한 프로그램에 제안을 받아 출연자 미팅을 한 적이 있었다. 캐스팅을 하고 포맷을 만들기 위해 제작진이 사전 인터뷰를 진행하는데, 그 질문이 흔히 말하는 '여성스럽고 조신한' 이미지를 만들기 위한 것들이었다. "요리는 잘하시나요?", "남자친구에게 처음 해주는 음식은 뭘 하고 싶으세

요?" 피크닉 데이트를 한다면 당연히 남성이 차를 가져올 것
이고 여성은 바구니에 도시락을 담아올 것이라는 '당연한'
전제에, 김숙은 제작진이 수긍할 만한 답변을 내놓을 수가
없었다.

"제가 살아온 인생이랑 너무 다른 얘기를 하시더라고요. 그
래서 그때 제가 '운전은 내가 해야지! 어디 운전대를 남자
한테 맡겨?' 했죠. 내 차 내가 운전해서 데리러 갈 거예요.
음식 뭐 싸오나 한번 봅시다."

결국 캐스팅 연락은 오지 않았다. 딸만 다섯 중 막내로 태
어난 김숙은 어릴 때부터 성 역할을 따로 구분하지 않는 집
에서 자랐다. 주변에서 "딸밖에 없어서 어떡해?"라고 할수록
보란 듯이 똘똘 뭉치며 뭐든지 직접 해냈다. 실제로 주변에
도 남편이 육아를 하고 아내가 일을 하는 등 굳이 결혼의 고
정된 성 역할을 구분하지 않는 부부도 많았다. 남자가 살림
을 잘할 수도 있고, 여자 쪽이 돈을 잘 벌 수도 있는데, 각자
잘하는 걸 하면 되지 않을까? 하지만 김숙에게 당연한 세상
은 제작진이 보여주고자 하는 연애의 이상과 겹치지 않았다.
예능에서는 여전히 남성을 내조하는 지고지순한 '천생 여자'
의 모습을 요구했다. 그 일을 하는 제작진에도 일하는 여성
들이 포함되어 있었는데도, 그 시대가 그랬다.

그렇게 가상 연애 프로그램과는 인연이 없나 했는데, 우연한 기회에 〈님과 함께〉에 합류하게 되었다. 윤정수 씨가 먼저 캐스팅이 되어 있었고, 원래 그의 파트너로는 다른 출연진이 섭외되어 있었다. 그런데 갑자기 펑크가 나면서 김숙이 대타로 급하게 들어간 것이다. 공석이 생긴 탓에 빠르게 일정을 맞춰야 하는 상황이라 사전 인터뷰를 통해 컨셉이나 캐릭터를 조율할 시간도 없었다. 당장 4일 뒤에 촬영을 나갈 수 있다면 무조건 OK였다. 그렇게 얼떨결에 프로그램에 들어가게 되어, 김숙은 마음 내키는 대로 솔직한 가상부부 생활을 시작했다.

　김숙이 운전, 조립, 목공 등 흔히 남성의 역할로 여겨지던 일을 주도하는 모습을 보이기도 하고, 가상 남편인 윤정수 씨가 요리하고 내조하는 역할을 맡기도 했는데, 그 모습이 생각지 못하게 큰 인기를 얻었다. 주어진 틀에 박힌 역할을 깨부쉈는데, 사람들이 거부감을 느끼기는커녕 오히려 재미와 공감을 느낀 것이다. 〈님과 함께〉에서 보여준 가모장 캐릭터를 시작으로 김숙은 '숙크러시', '갓숙' 등의 별명을 얻었다. 어떤 남자가 이상형이냐는 질문에 "집안일 잘하고 조신한 남자가 좋아요."라고 대꾸하는 김숙이 기존 사회에 던진 파장은 무엇이었을까. 여태껏 대한민국에서 공고했던 성 역할, 특히 결혼에서의 역할 전복은 신선하고도 통쾌했다. 성별을 떠나 자신의 성향과 취향에 맞는 삶을 만들고 살아가면 된다는 새로운 역할 모델을 제시한 셈이었다.

김숙은 선후배 간의 서열이 확실한 문화인 개그계에서 선배에게 고분고분하지 않은 독자적인 캐릭터로도 유명했다. 잘 알려진 일화가 있다. 희극인 대선배 이성미 씨가 전화를 걸었는데, 보통은 "어머, 선배님 웬일이세요?" 하고 반기는 척이라도 할 법한데 후배인 김숙이 "아니, 귀찮게 선배가 왜 자꾸 후배한테 전화하고 난리냐."고 되레 면박을 줬다는 것이다. 선배가 할 말을 후배가 하는데 이상하게 선배들이 싫어하지 않고 오히려 빵 터지며 웃는 일이 많았다. 사회가 정해놓은 위계질서와 역할 속에서 다들 한 번쯤은 생각해봤지만 할 수 없었던 말, 혹은 차마 엄두도 내지 않았는데 막상 듣고 보면 내 마음속에 분명히 숨어 있던 말을 김숙은 가차 없이 꺼내놓는다. 사람들은 질서의 전복에서 묘한 쾌감을 느낀다.

인간관계에서 상대방의 의도를 파악하고 예의를 갖추는 일은 당연히 중요하다. 하지만 사회 속 역할 기준이나 편견이 우리를 가두고 얽매기도 한다. 그 울타리 속에서 다른 사람들의 눈치를 보느라 진짜 내 생각을 잃어버리는 경우도 많다. 정말 내가 기분이 좋아서 웃는지, 다른 사람들이 웃으니까 예민한 사람이 되지 않기 위해서 웃는지 알 수 없는 지점이 있다. 그런데 누군가 눈치 보지 않고 그 점을 끄집어내어 뒤집어 버리니, 그 순간 보는 사람도 마음이 빵 뚫리며 시원해질 수밖에 없을 것이다.

물론 누구에게나 기존의 권위나 위계에 도전하고 싶은 마음이 있을 수 있다. 다만 호감과 비호감의 경계를 정확히 재단하기가 어려워 쉽게 시도하지 못한다. 그런데 김숙은 눈을 부라리거나 호통을 치면서 얘기하는데도 그 모습이 밉지 않다. 아마 그가 약한 사람 앞에서 몸집을 부풀리는 강하거나 위압적인 사람이 아니라서, 힘이나 권력을 지닌 진짜 강자가 아니라 실은 우리와 비슷하게 약하기도 하고 상처받기도 하는 사람이라서가 아닐까?

언뜻 원래부터 거침없고 과감한 성격이라고 생각하기 쉽지만, 사실 그는 방송에서 보여주는 모습과 달리 소극적이고 내성적인 성향이라고 한다. 워낙 낯을 많이 가려서 집이 21층인데 엘리베이터에서 사람 만나기가 싫어 계단으로 다녔을 정도라고. 그러다 하고 싶은 이야기를 제대로 표현하지 못했을 때의 아쉬움이 커졌고, '저 사람 다시는 안 볼 것 같은데 그냥 세게 하자.'는 마음이 생겼다. 그럼에도 김숙은 재미를 위해 센 개그를 하고 나면 혹시 상대방이 상처를 받았을까 싶어 '제가 너무 강하게 말한 것 같은데 죄송하다.'라는 문자를 보낸다. 강약을 조절하고 선을 지킬 줄 안다. 같은 말이라도 어떤 사람이 하는 말이냐에 따라 받아들여지는 결은 다를 수밖에 없다.

사실 방송이라는 게 가장 트렌드에 빠르게 대응할 것 같으면서도, 한편으로는 특수한 환경에서만 몇십 년을 일하다 보니 오히려 변화에 가장 느린 부분도 있다. 특히 여전히 여자가 해야 하는 일, 남자가 해야 하는 일을 나누어 다루는 경우도 흔하다. 그러나 시대가 변화하고 사람들의 의식이 달라짐에 따라 이제는 조금씩 불편한 인식을 가져 나가는 분위기다. 남의 외모나 몸매를 비하하는 개그를 더 이상 재밌어하지 않는 사람들도 늘어나고 있다. 이제 아무 생각 없이 흔히 쓰던 예능의 레퍼토리를 답습하지 않고 바꿔나가야 할 때라는 뜻이다. 그리고 불편하지 않은 진짜 웃음을 찾아가는 시대의 흐름 속에서 기존의 편견을 깨며 김숙이 제시한 새로운 패러다임은 반갑다. 김숙은 언제나 김숙이었고, 세상은 비로소 김숙과 소통할 준비를 하고 있다.

비어 있는 이력

이력이 독특하다. 1995년도에 KBS 대학 개그제로 데뷔해 은상을 받았는데 다음 수상 이력은 무려 21년 후인 2016년이다. 데뷔는 일찍 했지만 이렇다 할 활동을 하지 않은 기간이 꽤 길다. 약력에 비어 있는 21년간의 커다란 공란은 어떤 시간이었을까? 무명기와 공백기가 길었다고 하면 언뜻 굉장히 외로운 인고의 시간이었으리라 생각할 수도 있지만,

그는 그 시간이 굉장히 빠르고 아무렇지 않게 지나갔다고 대수롭지 않게 답한다.

"뭐 그렇게 큰 시련도 없고 아픔도 없고, 아주 재미나고 신나게 21년이 지났어요."

바쁘게 일하는 지금보다 오히려 좋아하는 일, 원하는 일만 하면서 보내니 쾌락의 빈도로 행복을 따진다면 그때가 더 즐거웠을 수도 있다. 그런데 이 시간에는 집 밖에 나오지도 않고 폐인 수준으로 게임에 중독됐던 2년여의 기간도 포함되어 있다. 당시 김숙은 게임에 완전히 푹 빠져 지냈다.

게임을 시작한 계기는 단순했다. 당시 온라인 게임이 조금씩 알려지고 프로게이머들이 활동을 시작하던 때였는데, 지인이 김숙에게 게임 매니지먼트 사업을 제안했다. 아직 소속이 없는 게이머들에게 연습 공간을 마련해주고 관리, 서포트하는 일이었다. 재미있겠다 싶어 집에 있는 빈방을 연습실로 제공하고 매니지먼트를 운영하려는데 우선 게임에 대해 알아야겠다 싶어 직접 게임을 시작했다. 그리고 순식간에 중독되어 버렸다.

집에 PC를 여러 대 설치하고 전용선도 깔아놓은 다음 게임 서너 개를 돌려가면서 하루 종일 했다. 외출을 하지 않으니 사람들이 김숙을 만나려면 집으로 찾아와야 했다. 일거리가 있어도 좀처럼 하지 않았다. 우스갯소리로 하는 말이지만, 게임 머니를 2조 원 정도 가지고 있었으니 부족할 것 없는 기분이었다. 정신을 차려 보면 하루가 아니라 하루하고도 반 정도가 지나 있어 날짜 개념도 흐려졌다.

그 탓에 라디오 생방송을 펑크낸 적도 있다. 10시에 시작하는 라디오 생방송이니 무조건 그 전까지는 도착해야 하는 스케줄이었는데, 그날 잠에서 깨어보니 벌써 10시 30분이었다. 평소보다 일찍 일어났는데도 왠지 등골이 서늘한 느낌에 천천히 정신을 차리고 휴대폰을 보니 전원이 꺼져 있었다. 심장이 쪼그라드는 것처럼 긴장되는 마음으로 휴대폰이 켜지길 기다렸다. 역시나 부재중 전화가 수없이 와 있었다. 하지만 녹음도 아니고 생방송이니 이미 늦어도 너무 늦었다. 바로 전화를 걸어 깜빡 잊고 잠들었다고, 너무 죄송하다고 사과하고 뛰어갔지만 분위기는 싸했다. 게임 속 삶을 살다 정작 현실이 뒤죽박죽 엉켜버렸다.

그러다 어느 날, 문득 거울 앞을 지나가는데 자신의 얼굴이 마치 좀비처럼 보였다. 건강이 나빠진 것은 물론이고 눈빛이 예전과 달리 퀭했다. 번뜩 정신을 차리고 주변을 둘러보니 집안이 컵라면 용기와 각종 쓰레기로 엉망이었다. 중독에서 벗어나 일상으로 되돌아와야겠다는 생각이 들었다.

중독은 우리를 현실 세계와 단절시킨다. 김숙도 다르지 않았다. 혼자 중독을 끊어내기란 쉬운 일이 아니었다. 김숙이 중독에서 빠져나오기까지 많은 희극인 동료의 도움이 있었다. 선배들이 "이제 일해라, 개그 아이디어 짜자." 하면서 그를 억지로 현실로 끌어냈다. 그렇게 밤새도록 함께 깔깔거리며 아이디어를 짜고 몰입하면서, 지금도 김숙 하면 떠오르는 '따귀 소녀'가 탄생했다. 또 다른 중독으로 이전의 중독을 끊어냈다고 말할 수 있을 정도로, 그때부터는 주야장천 일에 푹 빠져 살았다. 중독의 위험한 점은 고립되기 쉽다는 것이다. 사람들과의 연결고리를 끊어내면 어느새 세상에 홀로 남는다. 누군가에게 손을 내밀어 도움을 청하고 싶어도 내가 만든 고립이 너무 깊어 벗어나기 어려울 수도 있다.

〈셰임〉이라는 영화에는 "우리는 나쁜 사람들이 아니라 나쁜 장소에 있을 뿐이다."라는 말이 나온다. 나쁜 사람이 아니라도 잘못된 장소에 있다면 나빠질 수 있다. 하지만 누군가 그 장소에서 나오라고 도움을 준다면 빠져나올 수 있다. 김숙은 중독에서 스스로 헤어 나오기 어려울 때 희극인들의 연대감이 정말 큰 도움이 됐다고 말한다.

중독을 끊어내고 얼룩지지 않은 백지상태로 돌아온 이후, 중요한 일부터 차근차근 되돌리며 일상의 소중함을 되살렸다. 앞으로 다시 중독에 빠져들지 않으려면 내가 어디에 어떤 시간을 쓰는지 명확히 들여다보고 성찰해야 한다고 생각했다. 그렇지 않고 힘을 쭉 빼버리면 가고자 한 적 없는 곳으로 흘러가 헤매게 된다. 당시에 느꼈던 재미는 중독에 인생을 내어주고 함몰하면서 받은 반대급부였을지도 모른다. 결국 생활이 불편해지는 순간이 찾아온다. 삶의 밸런스를 지키기 위한 내 인생의 주도권은 항상 나 자신에게 있어야 한다.

떼려야 뗄 수 없는 상극

김숙 하면 빼놓을 수 없는 키워드 중 하나가 바로 동료 연예인 송은이가 아닐까? 실과 바늘처럼 붙어 다니던 두 사람은 팟캐스트 〈비밀보장〉 외에도 유튜브 〈김숙TV〉, 〈언니네 라디오〉, 〈밥블레스유〉 등 여러 프로그램을 함께하며 연예계에서도 '영혼의 단짝'으로 통한다.

"사실 송은이라는 존재를 안다는 사실 자체가 큰 행운인 것 같아요. 저뿐만 아니라 친한 지인들도 다 동의할 거예요. 송은이를 알고 난 후의 삶과 알기 전의 삶이 굉장히 다르거든요."

송은이는 워낙에 자기 일보다 남의 일에 더 마음을 쓰고 챙겨 주는 성격이다. 그래서 오래전부터 친하게 지낸 지인들은 정말 사소한 일도 송은이에게 물어보며 의지하고, 송은이는 동네 반장처럼 여러 가지 문제를 착착 해결해준다. 송은

이의 친한 동생인 배우 최강희 씨가 "언니, 나 축의금 넣어야 하는데 얼마 해야 돼?" 하고 물어보면 친분이나 관계를 확인한 뒤 "이 금액으로 해!"라고 똑 부러지게 정해줄 정도다. 김숙이 별걸 다 물어보며 귀찮게 해도 한 번도 "그건 네가 알아서 해!" 하고 끊어 내는 법이 없었다.

"너희 둘은 서로 외롭고 심심할 겨를이 없어 연애를 못한다."라는 소리를 들을 정도로 붙어 다니고, 실제로 많은 일을 함께해서 찰떡 파트너 같은 느낌이지만 사실 송은이와 김숙은 완전히 반대 성향이다. 일단 기본적인 생활 패턴부터 다르다. 송은이는 일이 있든 없든 아침 7시면 일어나 아침밥을 먹는 모범형이고, 김숙은 밤을 꼴딱 새다가 자주 아침에 잠이 드는 부엉이과다. 한집에 살아도 얼굴 보기 힘들 만큼 극과 극인 셈이다.

무엇보다 송은이는 매사에 계획적이고, 김숙은 즉흥적인 성향이라 마음이 맞지 않아 싸운 적도 많다. 뜬금없이 "저 빵집 너무 맛있다는데 가보자!" 하는 김숙과 "나 오늘은 이거 해야 돼." 하고 계획을 착착 따라가는 송은이는 뭐 하나를 결정하는 일도 순탄치 않았다. 그런데 재미로 같이 성격유형검사인 MBTI 검사를 했다가 서로를 이해하기 위한 일종의 솔루션을 찾았다. MBTI 검사에서도 송은이는 모든 계획을 짜 놓고 그 계획이 흐트러지면 불안한 사람, 김숙은 계획이 있으면 무시하고 즉흥적으로 행동하는 사람이라는 결과가 나왔다. 송은이의 계획표를 김숙에게 주면 찢어버릴 게 뻔하고, 김숙이 즉흥적인 여행을 제안하면 송은이는 계획이 흐트러져 스트레스를 받는 조합이었다.

서로에게 맞춰 가기 위해 시간을 줄 필요가 있다는 조언을 얻었다. 김숙이 송은이에게 뭔가를 제안할 때는 미리 생각할 시간을 주는 게 좋고, 송은이는 미리 계획한 일이더라도 물 흐르듯 자연스럽게 제안하는 요령이 필요하달까? 각자의 성향을 객관적으로 살펴보고 적절한 대화법을 찾게 되니 둘이 다투는 일이 거의 사라졌다. '저 사람은 왜 이럴까?' 하고 답답해하지 않고 서로가 납득할 수 있게 조금씩 조절해야 한다는 관계의 방향성을 알았다.

아무리 잘 맞는 친구도 한순간에 틀어질 수 있고, 성격 차이가 극심해도 오래가는 인연이 있다. 특히 희극인들은 팀으로 개그를 만들 때가 많아서 기본적으로 조직 생활을 하는 것과 비슷한 관계다. 각자 개성이 강한데도 유대감이 끈끈한 편이다. 송은이뿐 아니라 동료들의 존재는 힘든 순간에도 다시 일어나도록 서로를 지탱해줄 때가 많았다. 김숙이 데뷔한 지 얼마 되지 않았을 때, 친척 집에서 지내다가 "이거 해서 뭐 하냐, 다 그만 두겠다." 하고 짐을 싸들고 나온 적이 있었다. 그 순간에 붙잡아준 사람이 희극인 선배 박수림 씨였다. 네가 얼마나 웃긴데, 절대 내려가면 안 된다며 자기 집에 같이 살면서 아이디어를 짜자고 했다. 그래서 마치 친동생처럼 그 집에 들어가 살게 됐는데, 박수림 씨는 자신도 넉넉지 않으면서 외출할 때 항상 1만 원을 머리맡에 두고는 쪽지를 써놓고 갔다. '네가 좋아하는 칡냉면 시켜 먹고 아이디어 짜고 있어, 언니 올 때까지.' 진짜 가족이라도 이렇게 보듬기는 어려운 일이었기에 더 고마웠다.

그때는 비슷한 처지의 다른 희극인들도 마찬가지였다. 행사를 가거나 돈을 벌어온 사람이 먹을 걸 잔뜩 사와 돈 없는 후배들과 나눠 먹고, 남은 것들은 또 각자의 집으로 나눠 가져가곤 했다. 명절 때도 집에 내려간 사람이 음식을 싸 오면 바빠서 집에 못 내려간 사람들도 한 집에 모여 명절 음식을 얻어먹었다. 친한 희극인들끼리 맛있는 걸 나눠 먹으며 소소한 수다를 떨던 모임이 밥 먹으며 힐링하는 〈밥블레스유〉 같은 프로그램으로 이어지기도 했다.

요즘에는 사람들 사이에 대화가 많이 줄어들고, 굳이 관계의 거리를 좁히거나 상대를 이해하기 위해 애쓰지 않는 사람이 늘어가는 분위기다. 심지어 말이라는 대화의 수단을 아예 제거하고 오로지 이미지만으로 소통하는 '고독한 대화방'이 한창 인기를 끌기도 했다. 서로를 이해하고 관계를 유지하려 대화를 하는 일이 현대인에게는 버겁고 피곤할 수도 있다. 하지만 좋아하는 사람들과 간극을 좁히고 이해의 폭을 넓히다 보면 인생에서 소중한 인연 하나를 더하는 행운이 오지 않을까? 어느새 김숙과 송은이는 서로의 다름을 받아들

이며 '척하면 착'인 소울메이트가 됐다. 더불어 제2의, 제3의
전성기를 일구며 최고의 시너지를 만들어내고 있는 환상의
파트너이기도 하다.

꼭대기가 아니어도 되는 삶

연예인, 특히나 희극인의 특성상 카메라 앞에서 밝고 재
미있는 모습을 보여줘야 하다 보니 그에 대한 부담감이나 스
트레스도 있지 않을까? 김숙의 멘탈 관리법은 상당히 간단
하다. 기본적으로 부담스럽고 압박감이 느껴지는 곳은 그냥
피한다. 특히 여러 출연진이 나와 경쟁하면서 분량을 확보해
야 하는 방송은 유독 부담이었다. 겨우 치고 들어간 멘트가
실패하면 그때마다 자존감이 떨어져 힘들었다. 잘할 수 없는
일을 무리해서 아등바등하고 집에 돌아오면 자신이 작고 초
라하게 느껴져 다 관두고 싶어져 버렸다. 프로그램이 아니더
라도 어떤 모임에서 억지로 춤을 시킨다든가, 내키지 않는 일
을 강요하면 스트레스를 받으니 아예 가지 않는 쪽을 택했다.

"어떤 프로그램이 잘될지 안될지는 미리 알 수가 없어요. 그
래서 나름대로 프로그램 고르는 기준이 있다면 내가 하고
싶은 걸 하자는 거예요. 그러면 실패해도 누구 탓이 아닌

내 몫이에요. 하고 싶어서 했는데 반응이 별로면 그냥 어쩔 수 없는 거죠, 뭐."

김숙의 일상을 안전하고 견고하게 지탱해주는 힘은 바로 소확행, '소소하지만 확실한 행복'에 있다. 김숙은 소확행이라는 말이 유행하기 전에도 실용적이지는 않지만 기분 전환을 시켜주는 오르골 소리와 같은, 잔잔한 행복의 순간을 좋아했다. 일 끝나고 집에서 맛있는 간식거리를 사 먹거나, 좋아하는 영상을 알뜰하게 할인가로 시청하는 별것 아닌 순간들이 스트레스를 싹 풀어줬다. 덕분에 내가 여전히 나일 수 있었다.

다만 소확행이 인기를 끌자 어른으로서 우려하는 마음도 생겼다. 큰 꿈을 꾸기 어려운 현실에 부딪친 청년들이 작은 행복을 채우는 데 만족하고 그 이상 나아가지 못하는 게 아닐까. 소소한 행복으로 가능한 한 자주, 많이 행복해져도 좋지만 거기에 몰두하느라 커다란 행복을 놓치지는 않았으면 하는 바람이다. 이제 김숙이 꿈꾸는 미래는 소소하지만 큼직한 테두리로 그의 삶을 아우른다.

"제 최종 꿈은 그냥 잘 먹고 잘 사는 거예요."

만약 돈이 아주 많다면 그만큼 더 행복해질 수도 있겠지만, 경제적인 안정은 불행을 줄일 수 있을지언정 완벽한 행복을 지속시켜주지는 않는다. 대신 내 삶을 내 힘으로 유지할 정도의 경제적 능력은 필요하다. 사실 김숙은 데뷔하던 무렵에 돈에 대한 개념 자체가 아예 없었다. 심지어 20살에 방송 일을 시작하자마자 지인이 돈을 빌려달라고 해서 대출을 받아 빌려준 적이 있을 정도였다. 그러다 이런 얘기를 들었다.

"이렇게 돈을 쓰다 보면 결국 네가 하고 싶지 않은 일을 하게 된다."

하고 싶은 일을 하기 위해서, 그리고 하기 싫은 일을 하지 않기 위해서는 돈을 모아놔야 한다는 얘기였다. 그렇지 않아도 하기 싫은 일이 많은데 돈 때문에 그것들을 해야 한다고 생각하니 아찔해져 그때부터 적금을 들었다. 내가 살고 싶은 삶을 지키는 게 중요했으니까.

요즘은 너무 바빠져서 힘들지 않냐는 질문을 많이 받는다. 하지만 거의 20여 년을 공백기로 쉬었으니 지금은 힘든 것보다 재미있고 신기한 마음이 더 크다. 만약 더 이상 재미있지 않다면, 또 더 이상 호기심이 생기지 않는다면 스트레스를 받겠지만 지금은 현재를 즐기고 싶다.

이렇게 가뿐히 즐길 수 있는 이유는 굳이 정상에 올라야 한다는 압박감이 없기 때문인지도 모른다. 예능에서 MC 자리를 맡게 된 지는 불과 4, 5년밖에 되지 않았다. 게스트로만 21년을 보냈으니 더 욕심이 날 법도 하지만, 김숙은 'MC를 맡는 것보다는 B급 패널로 방송하는 게 내 생에서 가장 행복하다.'는 인터뷰를 하기도 했다. 많은 사람이 점점 높은 곳을 원하고 언젠가는 꼭대기에 오르겠다는 목표를 세우지만, 김숙이 원하는 삶은 평범하다.

"어릴 때부터 1등이 부럽지 않았어요. 상위권에 있는 사람들은 좀 부럽기도 했는데, 1등을 해서 주목을 받는 사람은 부러웠던 적은 없어요. 분명 그들이 나름대로 지는 무게가 있을 거고, 앞에는 아무도 없는데 뒤에서 쫓아오는 사람이 많은 상황에 부담감을 너무 크게 느끼지 않을까 싶거든요."

햇볕을 바로 받는 나무는 뜨겁지만 나무 그늘은 시원하다. 누군가는 그늘에 선 사람을 보고 '빛을 받지 못한다'라고 생각할 수도 있지만, 사실 햇볕 아래보다 훨씬 더 마음 편하게 쉬었다 갈 수 있는 자리인지도 모른다. 그러니 꼭 가장 빛나는 꼭대기에 오르지 않아도 좋다. 일단은 내 마음이 편해야 그다음에 하고 싶은 일도 자유롭게 시도할 수 있을 테니까.

인생을 어떻게 살아야 한다는 정답은 없다. 누가 뭐래도 내 삶은 오로지 나만이 가장 어울리는 모습으로 설계할 수 있다. 김숙은 이미 그 길을 꾸준하게 걸어가고 있다. 누가 알아주든 아니든, 지금까지 늘 그래왔던 것처럼.

7

반복되는 일상에서
행복의 틈을 찾아보세요

✍

긍정을 잃지 않는 방법

배철수

라디오 프로그램 〈배철수의 음악캠프〉 DJ로, 가수이자 음악 평론가. 삶의 대부분을 음악과 함께하고 있다. 1978년, 해변가요제에서 〈세상 모르고 살았노라〉로 인기상을 받으며 그룹 활주로로 데뷔했고, 같은 해 대학가요제에서 〈탈춤〉으로 은상을 받았다. 이듬해 송골매를 결성해 보컬과 드럼, 기타를 맡아 1980년대에 최고의 인기를 구가하는 록 그룹의 일원으로 보냈다. 1982년부터 1985년까지 MBC '10대 가수상'을 4년 연속 수상하였고 KBS 가요대상 록 그룹 부문에서도 4년 연속 수상했다. 1990년대에 이르러 사람들에게 음악을 소개하는 일로 직업을 바꿨다. 청취자에게 좋은 음악과 더불어 좋은 생각을 전달하고자 늘 젊게, 즐겁게, 긍정적으로 지내려 한다.

"젊었을 때는 사람들이
영화, 음반, 공연 등등
문화에 돈을 많이 지출하거든.
그런데 어느 정도 나이가 되면 돈을 잘 안 써요.
나는 나이가 들어도
우리가 문화에만큼은 사치해야 된다고 생각해요.
문화에는 돈을 좀 지불해야 하고.
관심과 노력을 기울이면
누구나 새로운 걸 접할 수 있거든요."

시간이 흐르면 많은 게 새롭게 바뀌고 오래된 것들은 잊히기 마련이다. 하지만 오래될수록 그 깊이와 진가가 드러나고 그만큼 더 사랑받는 와인처럼, 시간이 갈수록 그 존재감이 더 깊어지고 있는 사람이 바로 배철수가 아닐까. 그는 대한민국 1980년대의 문화 아이콘이자 2021년, 지금도 여전히 대중음악의 최전선에서 우릴 이끌어주는 최고의 팝 DJ다. 오래된 음악의 감성을 불현듯 꺼내주면서도 한국에서 누구보다 먼저 최신곡을 듣고 소개해주는 사람이기도 한 그의 이야기는, 여전히 새롭다.

아침이 오지 않길 바라던 소년

어릴 땐 가난이 특별할 것도 없던 시절이었다. 잘 사는 사람을 보기가 더 힘든, 소위 벌집이라 부르는 쪽방촌에서 셋방살이를 했던 배철수의 집은 그중에서도 더 가난했다. 중학교 때는 잠자는 시간이 제일 좋았다. 그때만은 잠시 현실을 잊을 수 있었기 때문이다. 잠에서 깨어나는 순간 현실은 즉시 무겁게 내려앉아 주변을 빽빽하게 감싸왔다. 억지로 나선 등굣길, 해져서 기운 교복을 입고 여학생들의 눈을 피해 걷는 스스로가 너무나 초라하고 보잘것없기만 한 날들이었다.

'아침이 안 왔으면 좋겠다. 비가 많이 와서 다들 떠내려가

고 다리도 무너지고 세상이 온통 엉망이 됐으면 좋겠다.'

무감각하게 그런 생각을 하면서 매일 아침을 맞이했다. 하지만 야속하게도 가세는 점점 더 기울기만 해서 나중에는 아버지의 지인 집에 방도 아닌 베란다 같은 공간을 빌려 거기에서 네 식구가 살았을 정도였다.

당시엔 급식이 없으니까 도시락을 싸가야 하는데 부엌조차 없어 10원짜리 크림빵을 아침으로 먹고 점심은 굶는 게 일상이었다. 친구들이 점심을 먹으면 슬그머니 수돗가로 나와서 수돗물로 배를 채우고 계단에 앉아 있었다. 지금은 농담처럼 하는 이야기지만, 그때 그렇게 멍하니 먼 산을 바라보고 있노라면 봄이라 아지랑이가 올라가는 건지 눈에 물기가 어리는 건지 알 수 없었다.

당연히 따로 음악 교육 같은 것은 받기도 어려웠던 어린 시절, 간혹 옆집에서 듣는 라디오에나 귀를 기울이며 음악을 접하던 그가 본격적으로 노래 부르는 데 흥미를 갖게 된 계기는 다름 아닌 '빵'이었다. 초등학교 1학년 겨울, 같은 쪽방촌에 살던 친구의 아버지가 동네 교회 목사님이었는데 친구가 크리스마스가 얼마 안 남았으니 같이 교회에 가자고 했다. "난 교회 안 다니는데." 하고 거절하려 했지만 "오늘 교회 가면 빵 줄지도 몰라." 하는 데에는 대번 혹하고 말았다.

그래서 교회에 갔는데 정말 빵을 한 개씩 나눠줬다. 그러면서 다들 노래를 한 번씩 해보라고 하기에 돌아가면서 노래를 불렀다. 그런데 목사님이 배철수를 콕 지목하면서 빵 하나를 더 주더니, 크리스마스 이브에 어른들이 예배 보는 데 와서 노래를 한 곡 해달라고 했다. 먹을 것도 많이 주겠다기에 얼른 알았다고 대답하고 4절까지 있는 찬송가를 열심히 익혀 성탄 예배에 가 노래를 불렀다. 노래가 끝나자 어른들이 열화와 같은 박수로 답해주었고, 목사님은 약속대로 빵도 많이 나눠줬다. 따져 보면 노래를 부르고 일종의 개런티를 받았으니 그게 최초의 데뷔 무대였던 셈이랄까.

하지만 노래를 부르는 것보다 더 좋아했던 것은 바로 기타였다. 고등학생 때 동생이 어느 날 집에서 기타를 치고 있길래, 기타가 어디서 났느냐고 물으니 친구 것을 빌려 왔단다. 나도 한번 쳐보자, 하고 코드 몇 개를 배워서 더듬더듬 잡아보고 어설픈 리듬에 얹어 노래도 불러보는데, 그게 참 재미있었다. 그때부터는 기타를 아주 밤낮으로 쳤다. 밤에는 시끄러우니까 이불을 뒤집어쓰고 칠 정도였다. 처음에는 코드도 정확히 안 눌리고, 제대로 잡으려다 보니 손이 까지고, 그러다가 굳은살이 배겼지만 기타를 내 몸의 일부처럼 다루게 되는 그 모든 단계와 과정이 마냥 좋았다. 다만 꿈을 꾸지는 않았다. 꿈이라는 걸 갖기에는 현실의 벽이 애초부터 너무나 견고해 보였기에, 뮤지션이 되어야겠다는 생각은 감히 가져볼 엄두도 내지 못했다.

"그냥 재미있어서 집에서 치는 거예요. 음악은 뭐 텔레비전이나 라디오에 나오는 사람들, 하늘이 점지해준 특별한 사람들이나 하는 거지. 우리는 그냥 아무것도 아닌 동네 청년인데 뭐. 음악을 업으로 한다는 건 전혀 생각도 못했고 음반을 어떻게 내야 하는지도 모르고 내줄 리도 없죠. 근데 하여튼 그놈의 가요제가 사람 인생을 완전히 바꿔놓은 거예요."

스쿨 밴드 전성시대

1970년대 초반, 록 음악이 퇴폐 문화를 조장한다며 정부에서 금지령을 내린 적이 있었다. 불신 풍조를 조장한다는 등의 이유로 장발과 통기타를 단속하고 음악의 자유를 억눌렀다. 거기에 당시는 금지법이 없었던 대마초를 두고 불쑥 단속을 시작하면서 당시의 유명한 가수들이 줄줄이 구속되기까지 하며 대중음악이 암흑기를 맞았다. 지금으로 따지면 실시간 차트 100위까지의 노래가 한순간에 전부 사라진 수준이라고 볼 수 있겠다. 젊은 세대가 들을 음악이 없어지고, 가요계는 쑥대밭이 되었다.

하지만 젊은 세대들은 반드시 새로운 흐름을 만들어내게 되어 있다. 대마초 파동 이후로, 오히려 대학가의 아마추어 그룹사운드가 성행하기 시작했다. 70년대 이후 각종 가요제 출신의 밴드가 우후죽순 쏟아져 나오며 이전의 가요와는 완전히 다른 새로운 물결, 일명 '뉴-웨이브' 시대를 연 것이다. 대학가요제는 새로운 프로 등용문이 되었고, 당시 대학별로 대표 밴드가 하나씩은 있을 정도였다. 젊은 세대는 다시 그들의 음악을 직접 만들고 소비하기 시작했다.

배철수는 그 시기에 항공대에서 '활주로'라는 스쿨 밴드를 하고 있었다. 그는 당시 항공대의 항공전자공학과에 재학 중이었는데, 그가 항공대에 가게 된 이유는 단순했다. 학비가 전액 면제되기 때문이었다. 교과서도 주고 제복도 나눠주니 돈 한 푼 안 들이고 공짜로 학교를 다닐 수 있었다. 전자공학이 뭔지도 모르고, 마땅한 취미나 꿈도 없는 와중에 현실적인 이유로 공학을 선택한 셈이지만 친구들이 "너는 전자공학과에 온 거냐, 음대에 온 거냐?"고 할 정도로 수업은 제대로 안 듣고 여전히 음악에 몰두해 있었다.

그러다 군대에 가서 전역이 얼마 안 남은 시점, 무료하게 텔레비전을 보며 누워 있다가 우연히 제1회 대학가요제를 보게 됐다. 〈나 어떡해〉를 부른 샌드페블즈가 대상을 받았다. 음악은 타고난 프로들만 할 수 있다고 생각했는데, 자신과 같은 학생이 하는 아마추어 무대를 보니 문득 '어? 나도 저 정도는 할 수 있겠는데?' 하는 생각이 들었다. 같은 학생이 무대에 서는 걸 보니 꿈꿔본 적 없는 무대에 대한 갈망이 마음속에서 끓어오른 것이다. 나도 무조건 저길 나가봐야겠다고 마음을 먹고 있었는데, 전역하고 신문을 보다가 '제1회 해변가요제' 접수 공고를 발견했다. 연습 삼아 나가봐야겠다는 생각이 들어서 학교에 나가 활주로 밴드 멤버들의 근황을 살펴보니 드럼 치는 멤버가 ROTC 훈련을 받으러 가고 없었다. 결국 배철수가 직접 드럼을 치면서 노래를 부르며 가요제에 참가하게 됐다.

대상은 징검다리의 〈여름〉, 우수상은 블랙테트라의 〈구름과 나〉, 그리고 활주로는 〈세상 모르고 살았노라〉로 인기상을 받았다. 생전 처음으로 그 곡으로 녹음까지 해서 음반이 나왔는데 그쯤 되니 인기상으로는 아무래도 성이 안 찼다. 라디오에서 〈여름〉과 〈구름과 나〉는 자주 나오는데 〈세상 모르고 살았노라〉는 통 틀어주질 않으니 아쉬웠다. 그래서 원래 계획대로 대학가요제에 다시 도전하기로 했다.

대학가요제 2차 예선이 끝났을 때 심사위원 중의 한 분이 배철수를 따로 불렀다. 그리고는 배철수의 더벅머리를 가리키며 물었다.

"자네는 본선에 올라가면 머리는 어떻게 할 건가?"

당시는 길거리에서 장발 단속을 하던 시대였다. 배철수는 주저하지 않고 대답했다.

"스포츠로 깎겠습니다!"

"내가 고등학교 졸업하는 순간 군복 물들여 입고, 머리 기르고, 남대문 시장 가서 쌍마 청바지 사 입고 다녔으니 말하자면 히피가 된 거예요. 근데 그때는 음악이 더 중요하잖아. 내 음악을 알리는 게 우선이고, 머리는 다시 기르면 되는 거죠. 그래서 그때 딱 스포츠로 머리를 깎고 나갔지. 지금 생각해 보면 비겁하기는 하지만 어떡해요, 음악을 알려야 하는데."

밴드 활주로는 〈탈춤〉으로 은상을 수상했다. 한 해에 가요제 두 군데에서 수상한 데 이어 업계에서 가장 큰 기획사였던 지구레코드와 계약까지 했으니 그때가 어찌 보면 밴드 인생의 커다란 전환점이 된 셈이었다. 그렇게 본격적으로 밴드 활동을 하고 행사도 다니느라 대학교 4학년 때는 학교를 거의 제대로 나가지 않게 됐다. 하지만 이제 진로에 대한 고민도 해야 하는 시기였다. 집안 형편도 어려운데 취업 생각을 하지 않을 수 없었다. 나름 데뷔를 하긴 했지만 그렇다고 음악으로 먹고 살기엔 여전히 미래는 불확실한데, 이대로 음악을 계속 해야 할까? 아니면 평범하게 회사에 입사하는 게 좋을까? 마침 학과장님이 평소 배철수를 좋게 보셨는지 따로 불러 항공사 입사 원서를 건네주셨다. 학과장 추천으로 특채 입사를 할 수 있는 기회였다. 원서를 받아 기입까지 다 했지만 선뜻 마음의 결정은 내려지지 않았다. 그런데 그때

동생이 TBC의 PD 시험에 붙으면서 취업을 하게 됐고, 배철
수는 마음을 굳혔다.

"그때 동생하고 담판을 지은 거예요. 네가 취업을 했으니까
이제 내가 잘못되더라도 네가 집을 좀 책임질 수 있지 않
겠느냐. 나는 내가 해보고 싶은 음악을 한번 해보고 싶다.
그랬더니 동생이 흔쾌히 형은 음악을 하라고 하더라고요.
어려서부터 동생이 워낙 형 같은 구석이 있었어요. 아무튼
그래서 인생의 중요한 갈림길이었던 그때, 음악을 선택하
게 된 거예요."

만약 그때 음악을 택하지 않고 취업했다면 지금과는 완
전히 다른 삶을 살고 있지 않았을까. 불안했지만 원하는 길
을 가기로 결정하고 나서 배철수의 밴드는 본격적으로 비상
하기 시작했다.

송골매의 탄생

1979년, 활주로를 전신으로 삼아 마침내 훗날 슈퍼밴드
가 될 '송골매'가 결성됐다. 항공대 로고의 상징이었던 송골
매를 밴드 이름으로 삼은 것이었다. 1집 앨범을 내고 나서

노래는 조금 알려지는 듯했으나 크게 잘 되지는 않았다. 그런데 또 하필 기타리스트인 지덕엽이 군대를 가게 되면서 기타리스트가 비게 되었다. 그때 문득 가요제에서 만나던 홍익대 밴드 블렉테트라의 구창모가 생각났다. 처음 봤을 때 잘생긴 외모에 노래 실력도 너무 뛰어나서 머릿속에 신선한 충격으로 각인되어 있던 친구였다. 그때 배철수의 프로듀서적인 감이 발휘되었는지, 송골매에서 이 친구를 새롭게 프론트맨으로 내세우면 상업적으로도 성공할 것 같다는 느낌이 불현듯 꽂혔다.

당시는 휴대전화도 없던 때라 무작정 구창모의 집으로 찾아갔는데, 웬걸. 오색약수터에 있는 암자에 공부를 하러 떠났단다. 그래서 또 설악산까지 버스를 타고 찾아가 "우리 같이 밴드를 하자."며 제안했고 그 자리에서 블랙테트라의 기타리스트였던 김정선까지 함께 의기투합을 했다. 그렇게 밴드 멤버를 재정비해 활주로와 블렉테트라가 합쳐진 일종의 확대 편성을 하게 된 것이다. 이후 그들은 먼저 클럽을 돌면서 연주를 하기 시작했고, 이 조합이 내놓은 송골매 2집은 한국대중음악 100대 명반에 꼽히는 명작이 된다.

"송골매 2집에 〈어쩌다 마주친 그대〉나 〈모두 다 사랑하리〉 같은 히트곡이 많이 있는데, 녹음실에 가서는 거의 원테이크로 녹음을 했어요. 이미 현장에서 공연을 충분히 하고 검증이 된 다음에 앨범을 내게 된 거니까. 그 전까지는 아직 스쿨 밴드의 티를 못 벗었는데 2집은 클럽에서 합주를 하면서 이미 실력이 많이 쌓여서인지 프로답게 깔끔하게 앨범을 낸 거죠."

당시 송골매의 인기는 스스로도 감당이 안 될 정도로 어마어마했다. 요즘에는 아이돌 그룹이 워낙 많지만 당시에는 팀 자체도 많지 않으니 사실상 모든 젊은이가 송골매에 열광한다고 봐도 좋을 정도였다. 두 곡이 연달아 〈가요톱텐〉 1위를 차지했고, 록 밴드로서는 유일하게 연말의 10대 가수상을 4년 연속 수상하기도 했다. 마치 영화 〈보헤미안 랩소디〉처럼, 송골매가 주연인 영화도 여러 편 만들어졌다.

음악가에서 음악의 전달자로

사실 요즘의 젊은 세대는 뮤지션으로서의 배철수보다 DJ로서의 배철수가 더 익숙한 사람들이 많을 것이다. 송골매로 그렇게 엄청난 인기를 얻었는데도 그는 90년대 초반에 뮤지션으로서의 활동을 모두 접었다.

"우리가 아무렇게나 만든 노래가 매일 라디오에서 나오고,

사람들이 좋아해주고…. 사실 얼떨떨했죠. 그런데 80년대에 밴드를 유지하려면 계속 나이트클럽을 다니면서 연주를 해야 했어요. 우리가 나이트클럽에서 연주한 마지막 세대거든. 그 뒤로는 DJ들이 음악을 틀기 시작했지만, 이전까지는 다 밴드들이 라이브로 음악을 했어요. 근데 어느순간 음악 하는 게 일이 돼버리더라고."

클럽은 1년에 딱 하루 현충일에만 문을 닫았다. 그러니 나머지 날은 매일 클럽으로 출근을 하는 셈인데, 어느 순간 무대에 올라가는 게 일종의 노동처럼 느껴지기 시작했다. 직장인들이 아침에 일어나 출근하기 싫은 마음이 드는 것처럼, 좋아서 하는 음악인데도 무대에 올라가기 싫다는 마음이 커져갔다.

더구나 나이트클럽의 관객들은 늘 술을 마시고 있기 마련이었다. 다들 취해 있으니 무대 위로 과일 안주 같은 걸 던지는 건 예삿일이고, 욕지거리와 함께 얼음을 던지는 경우도 있었다. 그런 상황이 반복되다 보니 어느덧 가장 좋아하던 일에도 지쳐갈 수밖에 없었다. 어느 날은 공연 도중 드럼 소리가 이상해서 보니까 드럼 치는 친구가 코피를 한 손으로 막고 드럼을 치고 있었다. 체력적으로도 한계가 오기 시작한 것이다. 배철수도 목욕탕에서 현기증으로 쓰러져 큰일날 뻔한 적도 있었다.

그러던 어느 날, 그에게 새로운 기회가 찾아왔다. 친한 PD 한 명이 연락해 오더니 라디오 DJ 자리를 제안한 것이다. 그렇게 1990년 3월 19일, 〈배철수의 음악캠프〉가 시작됐다.

"라디오 방송을 딱 하는데, 나이트클럽에서 맨날 술 마신 사람들 상대하다가 맨 정신인 사람들이랑 얘기하니까 일단 너무 좋은 거예요. 이게 나하고 잘 맞는다는 생각이 들더라고요. 마치 음악 처음 할 때랑 비슷한 느낌인데, 사람들한테 음악 소개해주는 것도 재미있고 청취자들 사연 들어주는 것도 재미있더라고."

당시 많은 도움을 준 담당 PD가 지금의 아내다. 그때 아내가 PD로서 해준 중요한 조언은 지금까지 〈배철수의 음악캠프〉 특유의 색깔과 매력을 만들고 있다. 첫 번째는 한 번에 말은 하나씩만 할 것, 두 번째는 뻔한 이야기를 할 바에는 차라리 음악을 한 곡 더 트는 게 낫다는 것이었다. 가수로 활동하는 것은 점점 지치고 지루해지는데 라디오 DJ를 할 때는 생기가 느껴졌다. 출근을 하는 길에 저 멀리서 MBC의 벽돌색 건물만 보여도 그 순간 기분이 좋아질 정도였다. 하지만 방송이 끝나고 다시 클럽으로 공연하러 가는 길에는 또 다시 암울해졌다. 더불어 음악에 대한 근본적인 고민도 많아졌다.

"데뷔하고서 처음에는 내가 노래도 잘하고 음악적으로 진짜 재능이 뛰어나긴 한가 보다, 그렇게 생각했는데, 갈수록 듣는 귀는 점점 높아지고 내 연주는 너무 보잘것없는 거예요. 그러다 결정적으로 80년대 후반쯤에는 완벽하게 깨달은 거죠. 내가 음악적인 재능이 모자라는구나. 내가 대학가요제 나와서 히트곡 내고 그런 건 시대를 잘 만나서 운으로 온 거지, 재능으로 온 건 아니라는 생각이 들었어요. 그런데 나는…. 모르겠어, 성격 탓인지 내가 갖고 있는 능력보다 조금 밑에 있을 때 편하지, 내가 갖고 있는 능력보다 더 대우를 받는 건 부담스럽고 피곤하더라고요. 내 삶 자체가 피곤한 거예요. 이를테면 내 능력이 5가 있는데 3 정도에서 놀고 있으면 진짜 편하잖아요. 2도 남아 있고, 힘이. 그런데 능력이 5밖에 안 되는데 한 6, 7에서 놀려고 그러면 얼마나 죽기 살기로 해야겠어요."

송골매로 비상했던 나날은 한편으로 불안했다. 내가 가진 능력에 대한 마땅한 보상이 아니라, 운이 좋았다는 막막한 느낌이 있었다. 언젠가는 누군가가 나타나 여긴 네 자리가 아니니 그만 떠나라고 밀어내진 않을까. 스스로에 대한 냉철한 평가를 거듭하던 배철수는, 〈모여라〉라는 곡을 마지막으로 발표하며 기타를 내려놓았다. 라디오를 앞으로 계속 할 수 있을지 어떻게 될지는 몰랐지만 뮤지션으로 사는 건 그만

두고 방송에 전념하기로 마음먹었다. 6개월이든 1년이든 일단 좋아하는 걸 해보자, 안 되더라도 굶어죽기야 하겠느냐 싶었다. 뮤지션 배철수가 끊임없이 음악의 창조자가 되기 위해 투쟁해왔다면, 음악의 전달자가 된 DJ 배철수의 거울 속 얼굴은 한층 편안해졌고 그게 자신도 꽤 마음에 들었다.

세대를 아우르는 음악의 힘

배철수가 처음으로 팝송을 듣게 된 건 중학교 1학년 때였다. 브라이언 하일랜드(Brian Hyland)의 〈Sealed with a kiss〉를 들었는데 그 아름다운 멜로디에 단숨에 매혹되어 버렸다. 그때 처음으로 가사를 구해서 사전을 찾아가며 구절마다 해석까지 했다. 그 이후로 비틀즈(The Beatles), 톰 존스(Tom Jones), 밥 딜런(Bob Dylan)부터 딥 퍼플(Deep Purple)과 레드 제플린(Led Zeppelin)까지 들으면서 '아, 이게 음악이구나.' 하고 팝에 푹 빠져들었다.

당시 팝을 들으면서 느꼈던 감정은 동경이나 존경을 넘어 어떤 의미에서는 심지어 숭배에 가까웠다. 현실의 어딜 둘러봐도 가난하고 궁핍했던 시절, 닿지 않을 만큼 먼 곳의 아티스트는 완전히 다른 세계의 상징 같았다. 또 국내에서 록 음악이 금지 당했던 시절이라 들을 음악이 없으니 더 팝에 빠지게 될 수밖에 없기도 했다. 훌륭한 밴드들이 너무 많으니 그 속에 빠져 있으면 시간 가는 줄 몰랐다.

지금도 그 시절의 노래를 들으면 자연스럽게 추억 속으로 빠져들게 된다. 때로는 우리를 과거의 어떤 시절로 데려가주고, 또 때로는 새로운 세대와 연결해 하나의 물꼬를 트는 힘, 그게 바로 음악이 아닐까.

영화 〈보헤미안 랩소디〉가 역대 음악 영화 중에서도 흥행 신기록을 세우면서 많은 사람들이 퀸(Queen)의 음악을 다시 찾아 들었다. 퀸과 동시대를 겪은 사람들은 퀸의 음악에서 그 시절의 자신을 돌아봤고, 퀸이 누군지도 몰랐던 세대 역시 영화를 보며 귀에 익은 노래를 속으로 따라 흥얼거렸다. 이 영화의 흥행에는 모든 세대를 아우르는 공감대의 영향도 크게 작용했으리라.

"젊은 세대들이 퀸의 음악을 다시 찾아듣고 라디오에 신청도 굉장히 많이 했어요. 사실 우리 사회의 세대 간 단절이 굉장히 심해서 어떻게 손 쓸 수도 없을 정도라고 생각했는데, 음악으로 이어질 수 있다는 게 너무 놀랍고 좋은 거죠. 보헤미안 랩소디를 3대가 같이 보러 가고 그랬대요."

물론 이제는 마음만 먹으면 인터넷을 통해 어디서든 방대한 분량의 자료를 자유롭게 접할 수 있는 시대지만, 신뢰할 수 있는 경험자이자 전문가를 통해 그의 취향이 투영된 세계를 접하고 또 함께 공감할 수 있다는 건 분명 고마운 일이다. 몇십 년간 팝을 듣고 사랑해온 배철수가 좋은 음악을 소개할 때 우리는 세대와 상관없이 그 음악의 '좋음'에 집중할 수 있게 된다.

"내가 대단한 역할을 한다고 생각하진 않고, 그저 내가 하는 일은 젊은이들과 같이 음악을 듣고 공감하는 것이라고 생각해요. 아들이랑도 서로 음악을 추천해주고 음악에 대해 자유롭게 의견을 나누기도 하죠. 물론 세대 차이가 나니까 다른 부분에 대해선 아이들이 나를 꼰대라고 생각할 수도 있겠지만, 음악 이야기만큼은 평등하게 같이 할 수 있는 거죠."

하지만 방송을 통해 음악을 소개하는 데 있어서 한편으로는 무거운 책임감도 느낀다. 청취자들은 음악캠프와 함께 성장하고 함께 나이를 먹어갔다. 중고등학교 시절에 음악캠프를 들으며 문화적인 소양이 만들어졌다는 사람도 있고, 그 사람들이 지금 문화예술계 곳곳에 현역으로 자리 잡고 있기도 하다. 내가 누군가에게 영향력을 미칠 수 있는 자리에 있다는 것은 보람과 두려움이 공존하는 일이다. 배철수는 언젠가 〈배철수의 음악캠프〉에 출연했던 문유석 판사의 말을 늘

되새기고 있다.

"두려워하지 않는 힘은 괴물이 된다."

가지고 있는 힘을 두려워하되 동시에 그 힘을 사회에 긍정적으로 발휘해야 한다는 의무감을 늘 잊지 않으려는, 배철수는 그런 어른이다.

오늘도 배철수의 음악캠프

90년도에 첫 방송을 시작한 〈배철수의 음악캠프〉는 벌써 30주년을 넘어섰다. 라디오 방송국에서는 거의 공무원처럼 출퇴근하는 그를 보고 '칸트'라는 별명으로 부르기도 한다. 일정한 시간에 늘 정확한 일과로 움직이는 탓이다. 30년 동안 지각이나 결석 한 번 한 적이 없다. 일 년 중의 며칠은 휴가 기간으로 정해서 관례처럼 스페셜 DJ가 그 자리를 대체한다.

그의 하루 일과는 보통 아침 9시에 시작된다. 토스트와 커피로 간단히 아침을 먹고 밤사이 뉴스를 훑어본 뒤 11시 반쯤에는 벌써 방송국에 도착한다. 방송국 주변에서 동료 PD나 작가들과 점심을 먹고 나면 2시쯤 된다. 특별한 일이 없으면 피트니스 센터에 가서 운동과 샤워를 한 뒤 4시부터는 생방송 스튜디오에 도착하는 게 자신만의 원칙이다. 주변에선 왜 이렇게 일찍 오냐고 하는데, 음악 선곡을 직접 하기 때문에 2시간을 진행하려면 2시간 전에는 도착해야 한다. 최근의 라디오 프로그램에서는 PD가 선곡을 담당하는 경우가 대부분이지만, 그는 '디스크 자키(Disk Jockey)'라는 본분에 맞게 사연을 꼼꼼히 읽고, 맥락에 맞는 음악들을 직접 고른다. 스스로의 인터넷 닉네임을 'The last DJ'라고 짓기도 했다.

그렇게 음악도 미리 들어보고, 사연도 보면서 2시간 동안 그날 방송의 흐름과 음악을 전체적으로 계획하다 보면 금방 생방송 시간이 된다. 6시부터 8시까지 방송을 마치면 곧장 집으로 가서 저녁을 먹는다. 같은 일을 규칙적으로 매일 하다 보면 지치고 지루해질 법도 한데, DJ를 하면서는 오히려 매 순간을 더 행복하게 느끼게 됐다.

"나도 좀 신기하다고 할까. 내가 하루 중에 가장 행복한 시간이 저녁 6시부터 8시까지 스튜디오에 있는 시간이에요. 너무 행복해. 스튜디오의 오디오 시스템도 좋거든요, 음악 맘껏 듣고 청취자들하고 이야기하고 또 실없는 농담도 한마디씩 하고. 그래서 청취자들이 재밌어 하면 또 기쁘고. 지겹지가 않으니까 지금까지 한 거지, 이걸."

영화 〈패터슨〉을 보면 패터슨이라는 버스 운전사가 나온다. 그는 매일 똑같은 코스를 반복해서 돌면서 운전해야 하는 자신의 일을 너무나 사랑한다. 같은 코스를 돌더라도 매번 새로운 승객이 타서 새로운 이야기를 하는 걸 슬쩍 엿듣고, 저녁이면 집에 가서 맥주 한 잔 마시며 하루를 마무리하는 일상에서 차분한 행복을 느낀다. 반복되는 일상 속에서도 반짝이는 틈새를 찾아내고 그걸 즐길 줄 아는 사람은 더 자주, 더 많은 행복과 마주치기 마련이다. 배철수의 똑같은 하루도 마찬가지다. 늘 같은 일상이지만 새로운 음악과 새로운 사연이 있고, 그 안에서 그는 하루하루를 각기 특별하게 만들고 있다.

"내 데뷔곡이 〈세상 모르고 살았노라〉잖아. 평생 세상 모르고 살다 보니까 내가 좀 천진난만한 게 있어요. 사실 원래 우리 집안의 걱정거리는 늘 나였거든. 동생은 정말 안정된 직장에 믿을 만한데 늘 재가 문제다. 그런데 내가 동생보다도 더 오래 일하게 될 줄은 몰랐지."

가수는 노래 제목을 따라간다고들 하는데, 세상 모르고 산다는 게 철이 없는 것 같으면서도 어떤 의미에서는 자유롭고 행복한 일이 아닐까. 어쩌면 나이에 맞게 주어지는 세상의 편견을 의식하지 않고 늘 새로운 음악을 듣기 때문에 나이를 모르고 여전히 젊게 살 수 있는 것도 같다.

"저는 나이가 들어도 우리가 문화에만큼은 사치해야 된다고 생각해요. 문화에는 돈을 좀 지불해야 하고. 관심과 노력을 기울이면 누구나 새로운 걸 접할 수 있거든요."

석양을 바라보며 집으로 돌아가는 시간, 라디오에서 흘러나오는 어떤 곡이 이 순간의 가장 완벽한 배경음악이 되어줄 때가 있다. 그리고 그 찰나는 때로 한 장의 아름다운 사진으로 박제되어 각자의 마음속에 고요히 스며들곤 한다. 배철수의 음악캠프에서 흘러나온 수많은 곡들은 그만큼 수많은 이들에게 닿아 셀 수 없는 각자의 완벽한 순간들을 탄생시켰을 것이다. 그 작고 소중한 순간들을 선물하기 위해, 이 시대의 마지막 라디오 스타 배철수는 매일 저녁 6시, 라디오 부스에 앉아 오늘의 음악을 소개한다.

"'팻 매스니(Pat Metheny)'라고 제가 되게 좋아하는 재즈 밴드 기타리스트의 〈The First Circle〉이라는 곡이 있어요. 전주가 '짝짝 짝짝 짝 짝짝짝, 당당당' 하고 나오는데 거기에 맞춰 박수를 치기가 되게 어려워요. 그런데 한국 공연에서는 사람들이 박자를 기가 막히게 맞추는 거예요. 그렇게 함께 즐기는 관객들이 있다는 것에 참 감사해요. 음악을 만드는 일도 좋지만 음악을 같이 듣고 즐기는 것만큼 좋은 게 없더라고요."

"제가 딱 한 번, 서울대에 강연을 하러 간 적이 있거든요. 사실 할 말도 없고 그럴 자격이 없다고 했는데도 그걸 안 하면 졸업을 안 시켜준다는 거예요. 그래서 결국 갔어요. 그때 한 얘기가 배철수 씨가 하는 말과 비슷하게 '철들지 말자.'라는 거였어요. 우리가 나이를 먹다 보면 다 철이 드는데, 적어도 내가 정말 좋아하는 한 가지에서만큼은 철들지 않았으면 좋겠다. 그게 뭐든 상관이 없다, 만화책이든 음악이든 옷이든 아니면 장난이든. 그것만큼은 철들지 말고 젊게 살았으면 좋겠다는 얘기를 한 기억이 나요."

8

계속해서 문제를
제기하세요

⁄◈∖

세상을 바꾸는 방법

이수정

한국 범죄심리학계 권위자로, 현직 경기대학교 범죄심리학과 교수. 전 대법원 양형위원회 전문 위원, 법원 행정처 등록 전문 심리 위원, 대검찰청 전문 수사 자문 위원·과학 수사 자문 위원, 경찰청 평가 위원·과학 수사 자문 위원, 여성 가족부 정책 위원, 청소년 보호 위원, 한국 심리학회 소속 범죄 심리 전문가·전 심리 서비스법 위원장, KSORAS와 KORAS-G 등 법정 위험성 평가 도구 개발자를 맡아 활동했다.

시사 프로그램인 〈그것이 알고 싶다〉에서 범죄 심리 자문을 하고 있으며, 《최신 범죄심리학》, 《사이코패스는 일상의 그늘에 숨어 지낸다》 등을 집필했다. 최근 BBC 선정 영향력 있는 여성 100인, 주한 유럽 연합 선정 대한민국 대표 여성으로 꼽혔다.

"가화만사성이 좋은 얘기긴 하지만
가정이 꼭 그렇게 화목해야만 하는지는
잘 모르겠어요.
만약 폭력이 있는 가정이라면 해체되는 게 맞겠죠.
폭력적인 부모 밑에서는
아이들도 건강한 성인이 되기 어렵거든요.
폭력이 난무한 부모 밑에서 자란 아이들이
멀쩡하게 정상적인 성인이 될 수는 없잖아요.
결국 가정 폭력을 근절하는
첫 번째 단추를 제대로 꿰지 않으면
그 이후에 일어나는 사회적 범죄나
묻지마 살인, 연쇄살인 같은 사건들도
막을 수 없다고 봐야죠."

우리는 어떤 사람의 일면을 보고 그 사람에 대해 다 알게 됐다고 무심코 믿어버릴 때가 있다. 하지만 모든 인간은 입체적이기에 어떤 결과에 따라 선과 악을 단언하는 건 섣부르고 위험한 일이다. 그렇다면 실제로 일어난 사건의 맥락을 파악하고 그 이면의 앞뒤 전말을 또렷하게 구조화해 바라보는 역할이 필요하지 않을까. 이수정 교수는 논리와 이해를 바탕으로 범죄자의 심리 내면을 연구하는 동시에 현실적인 법안 마련을 촉구한다. 이런 모습은 미국 드라마 〈마인드 헌터〉에서 범죄자들의 유형과 심리를 파악해내는 웬디 박사를 연상시키기도 한다. 하루가 멀다 하고 뉴스에 나오는 수많은 범죄 사건을 우리는 어떤 시각으로 바라봐야 할까. 우리가 개별적으로, 또 사회적으로 세울 수 있는 대책은 무엇이 있을까.

피해자를 위해 할 수 있는 일

이수정 교수는 〈그것이 알고 싶다〉에서 20년 가까이 범죄 사건에 대한 자문을 해왔다. 사실 20년 전까지만 해도 사건, 사고를 주요 이슈로 다루는 프로그램이 많지 않았고 특히나 성폭행 사건은 뉴스에도 거의 나오지 않았다. 그런데 〈그것이 알고 싶다〉에서는 당시 거의 유일하게 많은 사람의 억울한 사연이나 해결되지 않은 사건들을 다뤘다. 방송에까지 나온다는 말은 완전히 해결되지 않은 억울한 피해자가 존재하는 사건인 경우가 많았기에, 조금이나마 도움을 주고 싶었다. 제작진도 충분하지 않은 제작비로 진상을 밝히기 위해 애써 취재한다는 걸 알기 때문에, 따로 출연료도 요구하지 않고 연구하던 분야를 바탕으로 자문하며 협조를 해주기 시작하던 것이 지금까지 이어져왔다.

"범죄 사건 자문은 꼭 해야 한다는 의무감이 생겼어요. 왜냐하면 범죄 연구를 하다가 피해자가 다 저 같은 여자라는 걸 알게 됐어요. 내 딸 또래의 피해자도 있고, 제 나이대 가정주부가 폭력 피해를 당하는 경우도 있고요. 어떻게 보면 저와 같은 입장이니 그 사람들이 느꼈을 법한 공포나 억울함이 짐작이 가는 거죠. 그 마음이 상상되니까 외면하기가 어려워요."

그런 사건들을 접하고 자문하는 데 그치지 않고 실제로 입법 민원도 상당히 많이 넣는 편이라, 국회에서는 공공연히 '트러블 메이커'라고 불릴 정도다. 하지만 그럴 수밖에 없는 게, 입법자들이 정책을 만들 때 실제로 관련 대상을 만나보지 않는 경우가 많다. 그러나 이 분야를 연구하다 보니 범죄자를 만나지 않을 수가 없었고, 범죄자를 만나면서 법이나 정책에 허점이 많다는 것을 알게 되었다. 실제 현실을 바탕으로 실효성 있는 정책이 적용되어야 한다는 주장을 언론을 통해서도 목소리 높여 하다 보니 입법 기관 입장에서는 굉장히 '시끄러운 민원인'이라고 인식할 만도 하다.

"국회를 비난하려고 하는 일은 절대 아니에요. 단지 사건이 실존하잖아요. 피해자는 실제로 목숨을 잃은 거예요. 목숨을 잃지 않도록 보호할 수 있는 법이 있었으면 이분이 이렇게 억울하게 돌아가실 필요가 없었을 텐데, 하는 생각을 할 수밖에 없는 거죠."

그렇게 강력하게 민원을 넣어서 실제로 범죄 예방을 위한 입법에 영향을 주거나 관여한 법안도 여럿 있다. 대표적으로 성범죄자 전자 발찌 도입이 있다. 그전에도 전자 발찌의 필요성이 논의됐지만 여러 이유로 입법이 계속 늦어지고 있었다. 이수정 교수는 더 이상 늦어져선 안 된다고 강력하게 주장했고, 결국 법안이 통과되었다. 또한 〈스토킹처벌법〉과 〈가정폭력방지법〉 내의 반의사불벌 조항 폐지, 그리고 의제강간 연령 상향 등 끊임없이 법의 빈틈을 지적하며 사각지대에 놓인 범죄자 처벌과 피해자 보호를 위해 목소리를 내고 있다.

조두순 출소 그 후

2020년 12월에 조두순이 만기 출소했다. 안산시의 한 교회 화장실에서 만 8세의 여아를 강간 폭행하여 영구적 상해를 입힌 끔찍한 사건이었으나, 심신 미약이 참작되어 판결은 징역 12년형에 그쳤다. 상식적으로 납득하기 어려운 약한 형량에 출소를 앞두고 많은 국민이 출소를 막아달라는 청원을 넣을 정도로 여론은 들끓었다. 심지어 조두순은 초범이 아니었다. 동종 성 범죄 포함 전과 18범의 전력이 있어 그의 재범 가능성에 대한 국민들의 불안감도 컸다. 그러나 한번 정해진 형은 바꿀 수 없다는 일사부재리의 원칙 때문에 조두순은 예정대로 출소했다.

조두순 사건 이후 대한민국은 아동 성범죄의 심각성에 주목하기 시작했으나, 사실 그 이전에도 이와 유사한 끔찍한 사건들은 있었다. 다만 보통 언론에서 주목하는 기간이 기껏해야 일주일 안팎이었기에 화제가 되지 않았다. 또한 피해자들이 이미 사망해 그 고통이 금방 잊힌 경우가 많았다.

그런데 조두순 사건의 경우, 피해 아동이 기적적으로 살아났고, 우리는 성폭력 피해자가 겪는 참담한 고통을 똑바로 직면할 수 있었다. 또 한 가지, 그동안 우리 사회는 성폭력 피해자를 손가락질하는 분위기였다. 밤 늦게 술을 마셔서, 짧은 치마를 입어서 범죄를 당한 것이니 피해자가 진작 조심했어야 한다는 논리였다. 하지만 그저 학교에 가던 중인 어린아이가, 그것도 아침 시간에 가혹한 범죄의 대상이 되었다는 사실은 우리가 피해자에게 불합리한 프레임을 씌우고 있었다는 사실을 일깨워줬다.

그리고 2021년 현재, 이제 조두순은 일반인처럼 자유롭게 돌아다닐 수 있고, 허가를 받으면 해외여행도 가능하다. 출소 이후의 관리 조치는 7년 동안 전자 감독을 받게 된다는 것과 5년 동안 누구나 열람 가능한 인터넷 사이트인 '성범죄자 알림e(sexoffender.go.kr)'에 신상이 공개된다는 것 정도다. 최근에는 사건의 흉악범 얼굴과 거주지를 그 지역의 아이들이 있는 집에 우편 고지해야 하지만, 사건 발생 당시인 2008년도는 적용 범위가 아니다. 따라서 조두순의 신상을 알기 위해서는 직접 사이트에 접속해 확인하는 방법밖에 없다. 그런데 조두순의 신상정보를 개별적으로 조회할 수는 있지만 대외적으로 공개해서는 안 된다. 다른 사람에게 전달하거나 재배포하는 것도 불법이다. 심지어 이러한 보안 조치 역시 2026년이면 모두 종료된다. 법에 정한 사항이지만, 실제 범죄의 잔인함을 느끼는 일반인의 상식이나 감수성으로는 이해하기 어렵다. 조두순과 같은 흉악범을 출소 이후 국가에서 관리할 다른 대안은 없을까?

"저도 신상 공개 제도가 갖는 제재력이 그렇게 강력하다고는 생각하지 않아요. 그러나 전자 감독은 의미 있는 하나의 대안입니다. 전자 감독이라는 게 우리가 말하는 전자 발찌인데요. 전자 발찌를 7년까지 차야 하거든요. 그러면 담당 보호관찰관들이 전자 감독으로 위치 정보를 계속 추적하는 것이죠."

예를 들어 전자 발찌를 차고 초등학교 앞을 배회하거나 놀이터 근처에 머무는 등 준수사항을 위반하면 보호관찰관이 보고 있는 계기판에 경고등이 들어온다. 그럼 담당 보호관찰관이 바로 전화를 해서 빨리 그 지역을 이탈하도록 경고하는 식의 조치를 취한다. 하루 종일 조두순의 생활 반경이나 위험 행동을 지켜보고 확인하는 절차인 셈이다. 이수정 교수는 현실적으로 범죄 재발 가능성을 막을 수 있는 가장 적절한 대안이 바로 1:1 보호관찰이라고 본다.

문제는 현행 보호관찰관 한 명이 감당해야 하는 대상자 수는 16명에서 20명이라는 데 있다. 한 사람이 그 인원의 신호를 계기판에서 계속 살펴야 하고, 위반하면 전화로 경고하거나 직접 만나러 가기도 해야 한다. 사실상 한 사람 한 사람에 대해 밀접한 관찰이나 지도가 지속적으로 이루어지기 어렵다. 따라서 보호관찰관을 늘려 그와 같은 업무를 더 면밀히 시행해야 적절한 관리 대안이 되는데, 아직 보호관찰관은 부족하기만 하다.

물론 보호관찰 요원을 증원하려는 계획은 가지고 있지만, 증원 속도가 너무 느리다. 예산 문제도 있지만, 보호관찰에 대한 인식이 높지 않아 국민의 보안과 기본 안전을 지키기 위해서 꼭 필요한 역할인데도 증원이 좀처럼 이루어지지 않고 있다.

"제가 계속 문제 제기를 해야겠다고 생각했던 이유도, 사실 우리나라 국민들은 납세의 의무는 아는데 납세의 권리는 잘 몰라요. 세금을 내야 한다고는 배우지만 납세자를 국가가 안전하게 보호해야 한다고 주장하는 방법은 배우지 않거든요. 그러다 보니 국민 모두 세금은 열심히 내면서도 내 인권이 국가에 의해서 현재 얼마나 보호되고 있는지를 살펴보는 게 당연하다고는 생각을 안 하는 거죠."

보호관찰관 증원은 사실 우리가 마땅히 누려야 하는 복지일 수 있다. 또 사회로 나온 범죄자들의 안정된 복귀를 위해서도 꼭 필요하다. 일대일까지는 어렵더라도, 최소한 대상자와 일주일에 한 번은 직접 만나려면 보호관찰관 한 명당 대여섯 명 정도의 대상자를 매치하는 게 적절하다고 본다.

"한 발짝 더 나아간다면, 외국의 경우 출소 후에도 재범 위험성이 높은 사람들은 한 시설에서 같이 생활시켜 주거 제한을 해요. 일반인들처럼 출근해서 직장도 나가고 사회생활은 하되 밤에는 무조건 돌아와서 자야 하는 거죠. 이런 중간처우시설에 관한 입법을 통해 관리 감독하고, 경우에 따라 직업 훈련을 하고, 또 치료도 할 수 있다고 생각합니다. 왜냐하면 이들은 계속 상담도 받아야 하는 대상이거든요."

조두순의 출소에 전 국민이 우려와 관심을 보내고 있다. 그 외에도 매일 뉴스에서 끊임없이 범죄 소식이 들려온다. 자신을 보호하고 내 아이를 안전하게 지키기 위해서는 국가에 정당한 권리를 요구해야 한다. 적극적으로 목소리를 내야 정책적인 변화로 이어질 수 있다. 불안을 해소할 변화는 결국 국민 스스로가 이끌어야 하고, 이수정 교수 역시 국민의 일원으로서 안전할 권리를 찾기 위해 '시끄러운 민원인'을 자처한다.

재발 방지를 위한 전자 발찌

독일의 경우 성범죄 재발 방지를 위한 KURS라는 프로그램을 운영하고 있다. 재범 위험성이 높은 성범죄자들을 강도에 따라 순위를 매겨서 그 위험성에 따라 단계별로 대처를 한다. 재범 확률이 낮은 경우엔 관련 강의를 듣게 하고, 재범 확률이 아주 높은 성범죄자의 경우엔 24시간 감시를 하는 식이다. 그 제도가 도입된 이후 성범죄자의 재범률이 20%에 서 3.1%까지 급감하는 효과가 있었다.

우리나라에서도 성범죄 재발 방지를 위해 전자 감독이 필요하다는 논의는 오래전부터 있었지만, 이중 처벌과 인권 침해 논란에 부딪쳐 도입이 쉽지 않았다. 2008년 조두순 사 건이 있고 나서야 3수 끝에 마침내 전자 감독 제도가 도입되 어 운영되기 시작했고, 실제로 재범 억제 효과가 검증되기도 했다. 재범률이 14.1%에서 시행 후 1.86%로 줄었으니 8배 이상의 감소 효과가 있었던 셈이다.

전자 감독 제도는 외국 케이스를 참고해 보완했다. 그때 만 해도 전파를 잡기 위해 전파를 잡는 커다란 리시버를 등 에 매고 다녀야 했다. 발찌에서 전파를 쏘는 게 아니라 리시 버가 위치를 전송했기 때문에, 리시버가 방전되거나 집에 두 고 나오면 경보음이 울렸다. 이런 불편함을 보완하고자 우리 나라에서는 IT 강국답게 겉으로 잘 티가 나지 않는 조그마한 최첨단 기기로 개발해 부착했고, 이를 해외에 수출까지 했 다. 더불어 최근에는 일체형 전자 발찌도 나오기 시작했다. 간혹 리시버를 두고 오거나 방전됐다는 핑계로 행동 관찰을 피하려는 시도를 막을 수 있다.

"이제는 인공지능 기술도 이용하기 시작했는데요. 보통 범죄를 저지르기 전에 피해자를 물색하는 예비적 행위를 하잖아요. 갑자기 학교 근처에서 오래 머무른다거나. 이런 식으로 행동 패턴이 변하는데, 그걸 인공지능이 축적된 데이터를 바탕으로 빠르게 읽어내는 거죠. 만약 위험이 감지되면 보호관찰관이 전화를 해서 당신의 행동 패턴이 위험하게 감지되고 있으니 주의하라고 경고를 해요. 그러면 해당 관찰당하는 사람은 누군가 나를 감시하고 있다는 생각을 훨씬 많이 하겠죠."

사전 경고를 통해 예방 주사를 놓듯 스스로 통제하는 시스템을 만드는 것이다. 범죄에 대한 엄격한 처벌을 내린 뒤, 예방 차원의 대책이나 치료 마련에도 역시 적극적인 제도의 도입이 필요하다.

안전한 나라에서 느끼는 불안감

우리나라의 강력범죄 검거율은 96%에 다다를 만큼 굉장히 높은 편이다. 주민등록 시스템이 상당히 완벽하게 전산화되어 있는 덕분이다. 또 총기나 마약을 엄격히 규제하는 만큼 OECD 국가 중에서도 가장 안전한 편에 꼽히는 나라다.

하지만 그 속에 살아가는 많은 여성이 일상 속 크고 작은 불안을 호소한다. 어두운 골목길이나 주차장을 지날 때, 밤 늦게 모르는 사람과 마주칠 때, 혼자 사는 집에 누군가 초인종을 누를 때도 화들짝 놀라며 온몸에 바짝 경계를 세운다. '세계 어느 곳보다 안전하다'는 이 나라에서 여성들은 왜 불안감을 느끼고 있을까.

"여성들이 범죄에 대해 느끼는 두려움은 오히려 그 어느 때 보다도 심각한데, 우리나라에서 일어나는 많은 범죄가 성범죄이기 때문이에요. 보통 4대 강력범죄를 살인, 강도, 강간, 방화라고 얘기하거든요. 그런데 4대 강력범죄 중 최근 10년 동안 2배가 늘어난 범죄가 바로 강간, 성폭력이에요. 나머지는 별로 늘지 않거나 강도는 오히려 감소했죠."

성범죄는 2007년에 인구 10만 명당 29.1건에서 2016년엔 56.8건으로 약 두 배나 늘었다. 피해자 95%가 여성이다. 결국 여성들은 자신이 범죄의 대상에서 예외일 수 없다는 불안감을 피부로 느낄 수밖에 없다. 예민하다며 둔감하게 넘길 문제가 아니다. 게다가 성범죄의 경우, 전혀 모르는 사람이 아닌 얼굴을 아는 지인이 가해자인 경우가 많다. 주변에서 언제든 일어날 수 있는 일이라는 말이다. 여성들이 느끼는 불안감에는 분명히 실체가 존재한다.

우리 사회에서 유독 성범죄가 늘어나고 있는 이유는 뭘까? 하나는 성범죄에 대한 인식이 바뀌며 신고 자체가 늘었다는 점이다. 이전까지는 성희롱이나 데이트폭력 등에 대해 "남자가 그럴 수도 있지."라든가 "사랑해서 그래."라는 식의 변명이 통했다. 가해자가 성폭력으로 고소당하면, 가해자 본인이 운이 없어서 걸렸다고 생각했다. 당연히 합의해줘야 하는데 여성 쪽에서 해주지 않는다는 태도였다. '성희롱'이라는 단어가 법률 용어가 된 것도 90년대 후반에 이르러서다.

또한 피해자가 선뜻 성범죄 가해자를 선뜻 나서서 고발할 수 없는 경우가 많았다. 2013년 클럽 골목에서 여대생이 납치당해 피살되는 '대구 여대생 살인사건'이 일어났다. 당시 많은 사람이 "그러게 왜 클럽에서 술을 마셨느냐.", "차라리 성폭행을 당했으면 안 죽었을 텐데."라는 말까지 던지며 피해자가 잘못한 것처럼 비수를 꽂았다. 성범죄를 당한 뒤에 신고하면 얻는 것보다 피해자로 낙인찍혀 잃을 것이 더 많은 기막힌 일이 발생한 것이다. 다행히 최근에는 그런 사회적 인식이 바뀌고 있다. 피해자가 도움을 받을 수 있는 영역도 늘어나면서 지금까지 숨겨져 있던 피해 사실이 드러나고 있다.

다른 이유는 최근 성범죄의 형태가 굉장히 다양해졌다는 점이다. 사진이나 동영상을 촬영하고 유포하는 사이버 성범죄를 비롯해 약물에 의한 피해 신고도 늘어났다.

"사실 데이트 약물에 관련된 성범죄는 98년도부터 종종 언급됐거든요. 그런데 신고가 굉장히 어려웠던 이유는 여성들이 정신을 잃어서 성폭행을 당했는지, 또 누구에게 당했는지 아예 알 수 없었기 때문이에요. 그런데 최근에 어떤 클럽에서 약물이 문제가 되고, 관련 문제가 만연하다는 사실이 알려지면서 이제야 '이런 형태의 성범죄가 굉장히 많았겠구나.' 하고 밝혀지기 시작한 거죠. 신종 성범죄가 상당 부분 늘어났어요."

많은 여성이 성범죄가 생각보다 자신의 주변 가까이에서 일어나고 있다고 느낀다. 모든 국민들이 국가 테두리 안에서 안전하게 보호받고 있다고 여기기 위해선 법의 빈틈을 막고 범죄를 미연에 방지할 수 있는 예방적 조치가 가장 중요한 문제다.

가정을 지키는 것보다 중요한 것

이수정 교수가 본격적인 범죄 심리 연구를 시작하면서 처음 받은 업무는 교도소의 범죄자들을 분류하는 일이었다. 그런데 당시만 해도 교정국에서 범죄자를 직접 만나지는 못하게 했다. 범죄자 대부분이 남성이라서 위험하다는 이유였다.

그래서 3년여를 범죄자를 실제로 만나보지도 못하고 연구를 했는데, 최초로 경찰에서 면담 요청이 왔다. 마산에서 모녀가 남편을 죽이고 시신을 묻었는데 시신 일부가 훼손되었으니 그걸 찾아야 한다는 것이었다. 아이러니하게도 이번에는 피고인이 여자니 같은 여성 전문가가 말이 잘 통하리라 생각하고 이수정 교수를 부른 것이다. 이 첫 면담은 이수정 교수가 범죄심리학자로 어떤 역할을 할지 확신한 계기가 되었다.

"남편이 살해되고 시신이 훼손된 채 매장됐다고 하니 굉장히 흉악한 사건이잖아요. 그런데 만나보니까 어머니는 저보다 연배가 있고 따님은 간호사였어요. 그런데 그렇게 흉악 범죄를 저지른 사람 같지 않은 인상이더라고요. 얘기를 나누다 보니까 평생 학대를 가하던 남편을 살해한 거예요. 제가 느낄 때는 가해자가 아니고 오히려 피해자였던 것 같다는 생각을 지우기가 어렵더라고요."

30년 동안 학대를 받아온 내용은 듣기에도 끔찍했다. 아내는 남편의 폭력으로 인해 죽음의 문턱까지 여러 번 넘나들었고, 딸은 엄마가 죽도록 폭행당하는 모습을 평생 지켜본 탓에 성인이 되어서도 엄마에게 무슨 일이 생길까 봐 차마 집에서 나올 수가 없었다고 한다.

그러나 해당 사건에 대해 조서에 쓰인 범행 동기는 단 한

줄이었다. '부부간에 불화가 있던 중 앙심을 품고 남편을 살해한 사건.' 다른 뒷이야기는 아무것도 기록되지 않았다. 온몸이 타박상으로 뒤덮인 폭행 피해자 아내가 자신을 30년 이상 폭행하던 사람을 끝내 공격해 결국 사망에 이르게 한 사건을 아내의 앙심 탓이라고 간단히 단정 지어도 될까. 그건 아닌 것 같다는 생각이 뇌리에 절실하게 꽂혔다.

"제가 보기에는 이게 앙심이 아니었어요. 그때 처음으로 제가 앞으로 이런 사건에서 뭔가 할 수 있는 일이 있겠다는 확신을 한 거죠."

그때는 성폭력도 친고죄라 여성의 폭행 피해는 범죄로도 여기지 않았다. 반대로 아내가 남편을 살해하는 범죄는 살인죄를 넘어 일종의 미풍양속을 해치는 반인륜적 범죄로 취급받았다. 감히 남편을 살해했다는 괘씸죄로 가중 처벌되는 것이다. 당시 살인죄의 기본 형량이 5년이었는데, 배우자를 살해한 여성의 가장 짧은 형량이 8년이었다.

마산 모녀 사건에서 남편의 시신이 매장된 상태에서 일부 훼손되어 사라진 것은 여성 둘이 깊게 땅을 파지 못한 탓에 짐승들이 훼손한 듯하다는 결론에 도달했고 프로파일러 이수정의 역할은 끝났다. 그러나 오히려 그 순간이 이수정 교수에게는 시작점이었다. 이대로는 우리가 모르고 넘어가는 것이 너무 많았다. 법과 통념의 불합리함을 절실히 느꼈던 사건이었다.

특히 우리나라는 가족 간에 벌어지는 사건 사고가 유독 많다. 서구에 비해서는 4배 정도 많다고 한다. 유교적인 가족 중심 사회이다 보니 가족이 국가의 역할인 교육이나 복지 등을 상당 부분 대신해온 측면이 있었다. 반대로 말하면 가족 내에서 일어나는 일을 사회에서 적극적으로 관여하기 어려웠다는 뜻이기도 하다. 그러다 보니 가족 내에서의 폭력을 범죄로 여기지 않는 분위기가 지배적이었던 것이다.

"가화만사성(家和萬事成)이라는 게 좋은 얘기긴 하지만 가정이 꼭 그렇게 화목해야만 하는지는 잘 모르겠어요. 만약 폭력이 있는 가정이라면 해체되는 게 맞겠죠. 폭력이 있는 가정을 유지해서 뭘 하겠어요. 그러니까 가정폭력도 사실 범죄의 일부인데 가정폭력을 범죄로 안 보는 사회적 문화가 있다 보니 그걸 '알아서 해결해라' 하며 사법기관이 개입을 잘 안 했어요. 그렇게 폭력이 만성화되면 결국 목숨까지 잃는 경우가 생기는 거죠."

가정폭력을 여타 폭력과 같은 법으로 다루지 않는다는 것이 〈가정폭력처벌법〉의 가장 큰 난제다. 외국의 경우에는 길거리에서 사람을 때리는 사건이나 집에서 사람을 때리는 사건을 다르게 처리하지 않는다. 하지만 우리나라에서는 가족 내에서 범죄가 일어났을 때 일반 형사사건처럼 처리하는 게 아니라 가정보호사건이라고 칭하여 따로 분류한다.

그런데 〈가정폭력처벌법〉의 가장 주요한 목적은 가정 내 폭력이 일어났을 때 폭력을 근절하는 게 아니라 '가정을 보호하는 것'이다. 즉 처벌을 하기보다는 계속 다시 한 번 기회를 주고 가정을 유지하는 것을 더 우선순위에 둔다.

그래서 가정이 쉽게 해체되지 않도록 상담조건부 기소유예 제도(가정폭력 사건의 가해자에 대해 가정폭력상담소에서 상담 받는 조건으로 기소유예 처분을 하는 것)를 운영하고 있고, 반의사불벌죄가 적용되어 피해자가 가해자의 처벌을 원하지 않으면 폭행에 대해 처벌하지 않는다.

그러나 실제로 폭행 끝에 배우자를 살해하는 사건을 들여다보면 대부분 그 전에 112에 신고한 전력이 있다. 따지고 보면 막을 기회가 있었는데도 막지 못한 예고된 살인인 셈이다. 국가의 사법기관이 폭행 사건에 대해 적극적으로 개입해서 이런 일이 재발되지 않도록 해야 하는데, 가정 유지를 우선순위에 두다 보니 개인이 보호받지 못하는 일이 필연적으로 발생하게 되는 것이다.

뿐만 아니라 우리나라는 가정 보호주의가 너무 강력해서 아동 학대의 경우에도 우리나라는 친권을 박탈하지 않는다. 아이를 학대하더라도 친권은 훨씬 우선적으로 존중받아야 하는 권리로 보기 때문에 어쨌든 피해 아동은 대부분 다시 가정으로 돌아가게 된다. 그리고 보호를 위한 아무런 제재 없이 또다시 똑같이 학대에 노출되는 경우가 많다. 가정 내에서 죽음으로 이어지는 사건이 외국보다 많을 수밖에 없는 이유다.

"결국 병든 가정을 무조건 유지하는 것만이 능사는 아니에요. 폭력적인 부모 밑에서는 아이들도 건강한 성인이 되기 어렵거든요. 폭력이 난무한 부모 밑에서 자란 아이들이 멀쩡하게 정상적인 성인이 될 수는 없잖아요. 결국 가정 폭력을 근절하는 첫 번째 단추를 제대로 꿰지 않으면 그 이후에 일어나는 사회적 범죄나 묻지마 살인, 연쇄살인 같은 사건들도 막을 수 없다고 봐야죠."

사회를 위한 범죄자 갱생

인간은 누구나 범죄자가 될 수 있다. 범죄자와 일반인을 나누는 결정적인 차이는 순간의 자제력이다. 살인범도 태어날 때부터 살인범은 아니다. 평범한 사람도 극단적인 순간에 자기 조절 능력을 잃어버리면 범죄자가 될 수 있는 것이다. 그들이 우리와 다르지 않게 태어난 사람들이라는 것, 그게 이수정 교수가 계속해서 범죄자를 면담하고 연구하는 이유이기도 하다.

"더군다나 제가 여성이니까, 오랜 기간 수감 시설에서 혼자 많은 시간을 보내는 분들이 쉽게 경계를 풀고 다가오시더라고요. 그냥 편한 아줌마가 와서 얘기를 들어주겠다고 하면 다들 오랫동안 쌓여 있던 얘기를 다 토로해요. 여러 가지 민원과 함께 힘든 부분도 호소하죠. 이 아줌마라는 위치는 저에게 어떻게 보면 굉장히 장점이었어요. 또 많은 피해자와 같은 여성이니까 그 절실함을 더 느끼기도 했죠. 제가 남자였으면 아마 성범죄 사건의 부당함에 대해 그렇게 치열하게 생각하지 못했을 수도 있어요."

범죄자와 범죄에 대해 오랜 시간 이야기하고 파고드는 일을 하고 있다. 듣는 사람도 정신이 피폐해질 만큼 지치기 쉬운 분야라는 것을 매 순간 느낀다. 하지만 그럼에도 끝까지 이야기를 하고 싶은 이유는, 결국 범죄자들은 우리 사회로 돌아오기 때문이다. 지금껏 수많은 면담을 했지만 유독 기억에 남는 대화가 있다. 신정동 살인사건의 사형수였는데, 앞으로 어떻게 할 것이냐, 잘 지내다가 감형이 될 수도 있지 않겠느냐고 격려 차원에서 말했더니 그의 대답은 이랬다.

"이번 생은 틀렸어요."

문제는 이렇게 모든 걸 체념한 사람들의 재범률이 가장 높다는 것이다.

"범죄자를 처벌한다고 모두 끝난 게 아니고요. 그 이후의 범죄자 갱생에 대한 대안도 필요하고, 구조적으로 피해자를 도와줄 수 있는 정책들도 필요합니다. 저는 범죄자가 어떻게든 사회에서 희망의 꼬리를 잡고 범죄의 유혹에 다시 빠지지 않았으면 좋겠어요. 그러니까 범죄자 갱생은 그들을 위한 것일 뿐 아니라 그들이 돌아올 우리 사회를 위한 배려인 셈이죠. 범죄자를 구분 짓고 사회적으로 심리적으로 격리하면 사회가 나아질 수 없어요. 재범률을 낮추기 위해서는 정부의 노력도 필요하지만, 국민 여러분이 범죄자에 대한 사회 구성원 개개인의 이해도가 올라갈 수 있도록 많이 관심을 가져주셨으면 좋겠습니다."

이러한 정책들은 결국 우리 자신을 위한 일이다. 누구도 사회와 관계 속에서 예외가 될 수 없기에. 더 안전하고 나은 사회를 위해 법과 제도가 마련될 수 있도록 누군가는 계속해서 목소리를 내야 한다. 특히 자신과 같은 대한민국의 아주머니들이 편안하고 안전하다고 느낄 수 있는 사회가 될 수 있도록, 이수정 교수는 앞으로도 국회의 트러블 메이커로서 시끄럽게 민원을 넣는 자신의 일을 해나갈 생각이다.

"저희 어머니는 워킹맘이셨어요. 강한 분이셨고. 그런데 어머니가 나중에 '그때 도시락 못 싸 줘서 굉장히 미안했다.'라고 말씀하신 적이 있 는데 저는 반대로 평소에 '우리 엄마 멋지다!' 라는 생각을 많이 했거든요. 그래서 저는 제가 한 일 때문에 어머니가 너무 좋아했던 기억이 아직도 남아있어요. 내가 피아노를 서툴게 쳐 서 들려줬는데도 너무 좋아했거든요, 어머니 가. 그 기억이 되게 중요했던, 소중했던 기억으 로 아직까지 남아 있어요. 부모님들은 '내가 아 이를 위해서 해준 게 없다.'라고 하지만 반대로 그냥 어머님의 삶을 살다 보면 아이들이 그걸 또 보고서 배울 수도 있어요."

이수정

✕

유희열

9

기회는 제3의 곳에서
올 수도 있어요

∽

언제든 다시 시작하는 방법

박항서

현 베트남 축구 국가대표팀 감독. 우리나라 축구 국가대표팀 선수였으며
은퇴 후 코치와 감독 생활을 시작했다. 1994년에는 미국에서 열린 1994
FIFA에 출전한 국가대표팀의 트레이너로 활동했다. 이후 우리나라에서
가장 뜨거운 월드컵이었던 2002년 월드컵 국가대표팀의 수석 코치를 맡
았고, 같은 해 부산 아시안 게임 대표팀 감독을 맡았다. 포항스틸러스의
코치, 경남FC와 전남드래곤즈, 상주상무, 창원시청 축구단 감독을 거쳐
베트남 축구 국가대표팀 감독으로 취임했다. 이후 굵직한 경기에서 연이
어 승리를 거두며 베트남의 영웅이라는 별명을 얻었다.

"제가 육성형 감독이라고 많이 알려져 있는데,
저는 철저한 '생존형 감독'이에요.
살기 위해서 성과를 내야 하다 보니까
그렇게 보이는 것뿐이죠.
가끔 기자들이 저만의 축구 철학을 물어보는데,
나만의 철학 같은 건 없어요.
축구 철학이 있다면
'오로지 승리하는 것'이에요.
프로팀은 결국 결과가 중요하니까
살아남기 위해서는
그저 승리해야 하는 거죠."

2002년 월드컵의 영광 이후 뜻밖의 불운이 겹치며 조금씩 잊혀 가던 축구 감독 박항서는 16년 만에 베트남에서 새로운 신화를 써 내려가고 있었다. 베트남의 인기 투표에서 BTS를 넘어 1위를 차지하고, 현지에서 각종 CF를 찍고, 심지어 베트남에서 한국으로 박항서 생가를 관광하러 올 정도로 베트남은 '박항서 신드롬'으로 뜨겁다. 하지만 승리의 기쁨은 짧고 다음 경기에 대한 부담과 압박감은 무거운 것이 스포츠 세계에서 선수와 감독이 지닌 숙명이다. 열렬한 지지와 성원의 기쁨에 취하기보다 그는 여전히 매 순간 최선을 다할 뿐이다. 축구에 대한 거창한 철학보다는 오로지 승리를 위해 고민하는 것, 그것이 박항서의 한결같은 축구 신념이다.

늦게 시작한 축구

박항서는 경남 산청군에서 4남 1녀 중 막내로 태어났다. 어린 시절의 산청은 겨우 전깃불만 들어올 뿐 TV도 없던 시골이었다. 형님, 누님이 다 서울로 유학 가서 대학을 다녔기 때문에 박항서 역시 당연히 서울로 고등학교를 진학할 생각이었다. 진학 시험을 치러 갔는데 1지망이었던 배재고에서 떨어지고 2지망이었던 경신고에 합격을 했다. 차범근 감독의 출신 학교이기도 한 경신고는 축구로 유명했지만 그때까지도 축구를 할 생각은 전혀 없었다. 시골에서 동네 축구정 도야 했지만 운동보다는 당연히 공부를 해야 한다고 생각했던 시절이었다. 그렇게 6개월쯤 평범하게 공부를 하며 학교를 다녔는데, 운동장에서 훈련하는 축구부 선수들을 보니 왜인지 모르겠지만 축구가 너무 하고 싶었다. 갑자기 운동으로 진로를 바꾸기엔 비교적 늦은 나이였지만, 마침 축구부 감독과 친했던 매형 도움으로 고등학교 1학년 2학기에 축구부에 입단했다.

그런데 이 신인 선수는 입단한 지 얼마 되지도 않아 1974년 조선일보 주최의 전국 청룡기 대회에 나가 첫 골을 터트리는 엄청난 쾌거를 만들어냈다. 선수 1학년 때 주전이 된다는 것 자체도 쉬운 일이 아닌데, 후보 선수 6개월 만에 첫 주전을 뛰어 결승전에서 골까지 넣은 것이다. 그 결승골 덕분에 대회에서는 경신고가 우승했고, 그날 전교생이 나와 박항서를 무등 태워 걸어가며 이날의 축제 분위기를 만끽했다.

"축구를 시작한 지도 얼마 안 됐고 전술은 하나도 몰랐죠. 아마 제가 잘해서가 아니라 물불 안 가리고 워낙 많이 뛰어다니니까 주전을 시켜줬을 거예요. 지금도 가끔 얘기하는데, 당시에 골도 내가 넣은 게 아니라 하도 뛰니까 공이 몸에 맞고 들어간 것 같아요. 그만큼 축구를 잘 몰랐는데 운이 좋았어요."

사실 조건으로만 보면 훨씬 더 먼저 축구를 시작한 다른 팀원들보다는 한참 뒤처질 수밖에 없었다. 일단 키가 작고 달리기도 느린 편이었다. 보통 선수들의 100m 달리기 기록이 평균적으로 11, 12초 정도인데 박항서는 13초 45가 나왔다. 여러 가지 열세에도 불구하고 축구를 할 수 있었던 건 순전히 후천적인 노력 덕분이었다. 스피드가 약하니 지구력이라도 있어야겠다 싶어 숨이 막힐 때까지 죽도록 운동장을 뛰어다녔다. 아무리 노력해도 할 수 없는 영역도 있지만 노력으로 발전시킬 수 있는 영역도 분명히 있었다.

"저는 축구에 정말 소질이 없어요. 사실 우리가 아는 박지성, 손흥민, 기성용 같은 선수들처럼 되려면 재능도 좀 있어야 해요. 하지만 거기까진 아니더라도 노력하면 어느 정도까지는 될 수 있거든요. 체격이 작으니까 대신 많이 뛰고, 늦게 시작했으니까 남들보다 두 배 더 많이 연습했죠."

다른 선수들의 운동량을 따라잡으려면 그만큼 부지런해질 수밖에 없었다. 수업 시작 전에 새벽 일찍 나와서 먼저 운동을 시작했다. 후보 선수들은 메인 훈련에 참여하지 못했기 때문에 주전 선수 훈련이 끝나면 남아서 또 훈련을 했다. 누가 친절히 가르쳐주는 사람도 없고, 선배들의 플레이를 어깨너머로 보면서 터득하는 식이었다. 뒤늦게 축구로 진로를 정하고 이게 정말 맞는 길일까 초조한 마음도 있을 법했지만, 그는 그저 '내가 부족하니까 더 열심히 하자.'는 간단한 결론을 내리고는 가지 않은 길을 돌아보지 않았다.

많은 가능성과 기회비용을 재다 보면 오히려 결정하기 어렵고 혼란스러울 때가 있다. 반대로 그 순간에 집중하여 딱 한 걸음 앞만 내다보면 내가 원하는 길이 더 또렷하게 보이기도 한다. 박항서는 자신이 지금 해야 할 일이 무엇인지 잘 알고 있었다. 미래를 고민하고 의심할 시간에 한 걸음이라도 더 뛰는 일이었다.

프로리그 데뷔

1983년도에 '슈퍼리그'라는 명칭으로 K리그가 처음 생겼다. 그해 12월에 현재 FC서울의 모태인 럭키금성이 창단되었고, 마침 같은 해에 제대한 박항서는 창단 멤버로 입단을 하며 사실상 프로리그의 시작을 함께하게 됐다.

프로리그 시절의 박항서는 '두 개의 심장'으로 불리는 박지성 선수 못지않았다. 작은 체구로 쉬지 않고 경기장을 누벼서 선수 시절 별명이 '독종 배터리'였다. 선수 시절을 같이 보낸 신문선 축구해설가의 인터뷰 중에는 이런 내용도 있었다.

'기술이 뛰어나진 않았지만 링커(미드필더)로 열심히 뛰어다니는 독종이었어요. 곱슬머리에 경상도 사투리를 많이 썼는데, (상대 선수를 괴롭히는 경기 스타일이) 아주 지긋지긋했죠.'

1:1 상황에서 자신을 돌파해 나가면 어떤 식으로든 응징하는 집념이나 지기 싫어하는 승부욕이 그만큼 두드러졌다.

선수 시절의 박항서는 리그에서의 화려한 시절을 보냈다. 럭키금성에 입단하자마자 85년 슈퍼리그에서 우승했고, K리그 베스트 11에 등극하기도 했다. 다음 리그에서도 주장으로 활약하는 등 리더십을 발휘하며 팀을 이끌 정도로 활발히 선수 생활을 하던 그는 만 29세가 된 89년도에 선수로서는 이른 은퇴를 했다.

"그때는 한국 축구계에서 결혼을 하거나 나이가 서른 살이 되면 자연히 은퇴하는 걸로 생각을 했어요. 무엇보다 나이가 드니까 슬슬 후배들에게 주전을 내어주게 되면서, 이제 내가 은퇴할 때가 됐구나 하고 판단을 했죠."

박항서는 선수 당시에도 자신의 실력이나 가능성을 냉정하게 판단했다. 결혼도 했기에 좀 더 관대하게 생각하면 몇 경기라도 더 뛰면서 구단에서 월급을 받는 것도 하나의 선택이었을 것이다. 하지만 자신이 가진 재능으로 선수로 뛰는 건 여기까지라고 생각했고, 그에 따른 결정을 스스로 내리고 싶었다. 하지만 은퇴 이후 대책에 대해선 달리 생각해본 적이 없었는데, 마침 선배가 다니는 중학교에서 축구 체육선생 겸 축구 감독 제안이 들어왔다. 체육 교사 자격증도 있었고 안정적인 직업이라 생각해 마음이 동하면서도 한편으로는 이 길이 맞을지 내심 고민했는데, 이번엔 아버지 친구이자 럭키금성 고문이기도 했던 분이 축구단 코치를 해볼 생각은 없느냐고 물었다. 두 가지 선택지 앞에서 박항서는 결국 코치가 되기로 결심했고, 그때부터 지도자로서 또 다른 삶을 시작하게 됐다.

지도자가 되는 법을 배우다

아마 많은 이들이 박항서를 2002년 월드컵 대표팀 코치로만 기억할 것이다. 하지만 사실 94년도에 이미 미국 월드컵 대표팀 트레이너를 맡은 인연이 있었다. 당시에 대표팀을 맡은 김호 감독님과는 경상도 출신으로 연고지만 같고 일면식도 없던 사이였는데, 주변에서 성실하다는 추천을 받아 박항서를 뽑았다고 한다. 그때는 트레이너라고 불렸지만 지금으로 치면 막내 코치다.

선수들과 가장 가까이서 함께 땀 흘리던 박항서는 다년

간 코치로서의 내공을 쌓아 2002년 월드컵 국가대표팀의 수석 코치로 발탁됐다. 당시 히딩크 감독이 외국인이었기에 수석 코치의 주된 역할은 외국인 감독과 선수 간에 일종의 메신저가 되어주는 것이었다. 서로 간에 발생할 수 있는 문화적 간극을 최소화하고 감독과 선수가 서로 오해 없이 소통할 수 있도록 코치로서 중간 역할을 했다.

히딩크 감독은 선수 개개인의 스타일에 맞춰 당근과 채찍으로 잠재력을 끌어내는 심리전을 펼치곤 했다. 월드컵을 앞둔 평가전에서도 오히려 잘하는 선수를 빼고 후보 선수를 내보내는 등 눈앞의 승리보다는 선의의 경쟁을 시켜 각 선수의 능력치를 최대한으로 끌어올리는 전략을 썼다. 주전 선수에게는 긴장감을 주고 후보 선수에게는 동기 부여를 해 전력을 조율했다. 1군과 2군의 실력 차이를 줄여 강한 팀을 만들려는 의도였다. 또한 팀에서 각자의 역할과 권한에 대해서 정확하게 숙지시키고 각자 임무에 충실하는 것을 중요하게 생각했다. 그렇게 개개인이 적재적소에서 자신의 역할을 해내자 팀이 하나로 탄탄해질 수 있었다.

히딩크 감독 옆에서 박항서의 역할은 더욱 중요했다. 감독의 의도가 선수들에게 날것으로 가 닿기 전에 몸에 맞는 옷으로 바꿔, 보다 원활하게 팀이 돌아갈 수 있도록 도왔다. 동시에 히딩크의 전략을 가장 가까이에서 지켜보며 지도자로서 자신의 역량을 키웠다. 당시 박항서는 보고 배운 훈련

법을 하루하루 일기처럼 기록했다. 훈련의 종류나 강도부터 훈련 상황, 감독의 대처 방법과 화법까지 하나하나 꼼꼼히 메모해 지금까지도 감독직을 수행하며 문제가 생겼을 때 꺼내 보며 힌트를 얻는다. 그만큼 히딩크 감독과의 만남은 박항서의 인생에서 무척 중요한 사건이었다. 지금 베트남에서는 박항서를 '쌀딩크'라는 별명으로 부른다. 쌀의 주산지인 베트남의 히딩크라는 뜻이다.

"히딩크 감독은 '아, 지도자는 이렇게 해야 되는구나.' 하고 지도자로서의 심지를 정립할 수 있게 해주신 분이죠. 사실 그분의 대단한 역량을 잘 알기 때문에 저랑은 비교할 대상이 안 된다고 생각해요. 하지만 저에게 많은 영향을 준 것은 사실이에요. 지금도 기억나는 조언이 '성인팀 감독을 맡았을 때는 절대 선수들을 만들어서 쓸 생각하지 마라. 시간은 기다려주지 않는다.'라는 말이에요. 성적이 부진하면 결국 감독이 경질당하는 세계거든요. '단, 보유한 선수 자원을 극대화할 방법을 생각해라.' 지금도 제가 신념으로 삼아 기억하고 있는 부분입니다."

박항서를 육성형 감독이라 보는 평가도 있지만, 그는 감독은 그저 승리를 위해 고민할 뿐이라고 말한다. 경기에서 승리해야 하기 때문에 철저하게 주어진 자원과 조건 내에서 최고의 전력을 이끌어낼 방법을 찾는 사람인 것이다. 2002년 월드컵은 개인적으로 그런 지도자로서의 원칙과 기준을 정립한 때였다. 동시에 4강 신화의 영광을 누리며 축구 인생에서 잊지 못할 뜻깊은 순간을 겪은 시기이기도 했다.

불운의 시절

2002년 월드컵 이후 2002년 9월 부산 아시안 게임을 두 달 앞두고 박항서는 새로운 대표팀 감독으로 선임됐다. 기대치가 한껏 높아진 만큼 부담감도 무거울 수밖에 없는 자리였다. 많은 실력파 선수가 빠져나간 열악한 상황에서도 단기간 내에 동메달이라는 결과를 달성했지만 기대 이하의 성적이라는 평가를 받으며 취임 3개월 만에 협회로부터 경질되고 말았다. 사실 협회와는 감독직 계약을 하는 순간부터 이미 삐걱거리고 있었다.

"협회와 계약을 하러 갔는데 계약서조차 안 줬어요. A4 용지 하나 놓고 연봉 쓰고 사인을 하라는 거죠. 외국 감독들 오면 정식 계약서부터 다 쓰고 들어가는데 국내 코치 출신인 내겐 계약서 없이 '돈 얼마를 주겠다.' 이렇게만 얘기를 하는 거예요. 그래서 당연한 권리라 생각하고 계약서를 쓰자고 요구를 했는데 당혹스러워하면서 '무슨 소리냐, 많이 컸네.'라는 식의 반응이 오더라고요. 거기서부터 순순하지 않은 태도에 미운털이 박힌 거죠."

히딩크 감독의 벤치 착석 논란을 계기로 협회와의 갈등은 더욱 커졌다. 히딩크 감독이 아시안 게임 한 달 전에 2002년 남북통일축구대회에 참관차 방한했는데, 그날이 남북 친선 경기이자 박항서 감독의 데뷔전이기도 했다. 그런데 그 경기에서 협회가 사전에 아무런 설명도 없이 히딩크를 감독만이 앉을 수 있는 벤치에 앉게 했다. 박항서로서는 히딩크의 벤치 착석 자체는 거리낌이 없었으나 협회가 정확히 어떤 의도인지, 누구의 지시인지, 정확한 내막도 설명해주지 않았고, 여러 사람을 거쳐 말만 오가며 점점 오해가 깊어졌다. 그렇게 협회와 갈등이 극단으로 치닫자 박항서는 결국 '대표 감독직은 오래 못 하겠다' 싶어 아시안 게임에 무보수로 임하고 사퇴하겠다 발표했다.

그 경위를 종이에 메모하여 기자들과의 인터뷰에 가져가 읽었는데, 여기서 또 다른 문제가 터졌다. 잊어버리지 않으려고 적어간 메모를 성명서로 오인해 '감독의 성명서 발표는 협회에 대한 항명이니 박항서에게 강한 징계를 내려야 한다'는 사태로까지 이어진 것이다. 언론에서는 박항서의 불만이 연봉 때문이라고 발표했고 언론에서는 공신력 있는 협회 쪽의 이야기를 주로 보도했다. 아시안 게임에서도 박항서는 최선을 다했으나, 여론은 '기대를 저버린 동메달'이라는 평가와 함께 우승하지 못한 것에 뭇매를 때렸다. 경질은 당연한 수순이었다.

월드컵의 영광에서 나락으로, 고작 6개월도 안 되는 기간 내에 추락한 셈이었다. 가장 안타까웠던 점은 너무나 짧은 시간이라 최선을 다해 기량을 펼쳐볼 기회조차 없었다는 것이다. 감독으로서 하고 싶었던 바를 사실상 제대로 시도조차 해보지 못한 채 물러나야 하는 상황이었다. 이대로 협회의 눈 밖에 난 채로 감독을 그만두면 더 이상 복귀할 기회는 없다고 봐야 하는데, 이대로 축구 인생이 끝나나 싶어 착잡한 마음도 컸다.

그런데 이후 박항서의 행보는 다소 뜻밖이었다. 이듬해에 포항스틸러스에서 자신의 후배인 최순호 감독 밑으로 들어가 다시 코치 일을 시작한 것이다. 야구계에서는 선후배가 바뀌어 감독과 코치를 맡는 경우가 많지만, 수직적인 문화가 짙은 축구계에서는 선배가 후배 밑에서 일하는 경우가 없었다. 코치로 와서 도와달라는 최순호 감독의 제안에 고민스러워 친구인 이용수 교수에게 이야기하자 아무렇지도 않게 "잘됐네." 하며 응원해주었다. 이참에 첫 사례를 만들어 보는 것도 좋지 않겠느냐 조언하기에, 그것도 의미가 있겠다는 생각이 들어 포항스틸러스에 합류했다.

그리고 2년차인 2004년, 포항스틸러스는 전반기 K리그 우승하는 쾌거를 이루었다. 좋은 결과도 뜻깊었지만, 포항스틸러스에 코치로 있던 2년은 박항서에게 무척 좋은 경험이었다. 감독이자 후배인 김순호 감독이 많은 배려를 해준 덕분에 선배이자 코치로서 오히려 자유롭게 자신의 역할에 집중할 수 있었다. 축구계는 보수적이고 권위적인 분위기라 코치가 감독에게 섣불리 하고 싶은 이야기를 할 수 없었는데, 선후배 관계이다 보니 최종적인 판단은 감독에게 맡기되 자신의 경험이나 아이디어를 편하게 전달할 수 있었던 것이다. 그렇게 마음껏 재량을 펼쳐보이며 쌓은 내공 덕분일까. 2005년 경남FC 감독으로 부임한 박항서는 2년 차에 리그 12위였던 팀을 4위까지 끌어올리는 큰 성과를 냈다. 약팀이라는 평가에도 불구하고 FA컵에서 준우승을 거두기도 했다. 약팀 선수의 가능성을 최대화하는 박항서의 능력이 드디어 빛을 보고 있었다.

최악의 사건 한가운데서

롤러코스터처럼 오르락내리락하는 박항서의 인생 그래프는 어김없이 꼭대기에 오르나 싶은 순간 다시 하향곡선을 그리기 시작했다. 경남FC의 성적이 다시 떨어지며 2년 만에 감독직을 사임하게 된 것이다. 그러나 이때의 성적 부진에는 전대미문의 이유가 있었다. 2011년 K리그 승부 조작 사건이 터졌고, 당시 등록 선수 680명 중 무려 51명이 연루되었다는 사실이 드러났다. 박항서 감독의 팀에서도 여러 선수가 승부를 조작했다는 혐의가 드러났고, 이 일은 축구계뿐 아니라 사회 전체에 큰 충격을 안겼다.

"경기를 하고 나면 다음 날에 선수들이랑 비디오 분석을 해요. 그땐 승부 조작이라는 건 상상도 못 했죠. 그런데 '좀 이상하다?' 싶은 마음은 있었어요. 화면은 거짓말을 안 하거든요. 아무리 봐도 실수가 아닌데 싶은 묘한 상황들이 나오더라고요. 하지만 설마 고의일 거라는 생각은 추호도 안 했었죠."

그런데 2010년 시즌 중반 어느 날, 훈련이 끝나고 사무실에 왔는데 책상 위에 흰 봉투가 하나 놓여 있었다. 받는 사람에 '박항서 감독'이라고 쓰여 있었고 보내는 사람의 이름은 없었다. 팬이 보낸 편지인가 싶어 별생각 없이 가방에 넣고 차에 탄 뒤에 열어봤더니 당황스러운 내용이 담겨있었다. '전남 드래곤즈와 OO팀의 경기는 승부 조작이었습니다.'라는 문구와 함께, 이 사건에 연루된 선수들의 이름까지 나열되어 있었다. 말도 안 되는 소리라고 여길 수밖에 없었다. 더구나 이름이 적힌 선수들의 평소 모습을 떠올리자 '정말 그럴 애들이 아니다.'라는 생각밖에 들지 않았다. 편지에 쓰여 있던 전화번호로 전화해 증거가 있느냐고 묻자, 제보자는 증거는 있지만 감독님이 직접 조사해 보라고 답했다.

그냥 넘어갈 수는 없어 일단 구단주에게 내용을 공유하고 선수들을 한 명씩 불러 대질했다. 몇몇 선수에게 따로 물어보니 사실 선수들 사이에서도 그런 소문이 있었다는데, 당장은 증거가 없으니 조치를 취할 방법이 없었다. 이 일이 진짜라고 해도 일이 커지면 괜히 관련 없는 선수들까지 동요할까 우려됐다. 결국은 선수들에게 '저는 승부 조작과 관련이 없습니다'라는 내용의 각서를 받는 것으로 일을 마무리했다. 당시로서는 할 수 있는 최선의 조치였다.

이후 박항서는 결국 성적 부진을 이유로 경질된 뒤 브라질 유학길에 올랐다. 그런데 브라질에 도착한 지 얼마 되지 않아 검찰에서 연락이 왔고 승부 조작이 사실로 드러나기 시작했다. 익명의 편지에서 실명이 거론됐던 선수들도 실제 승부 조작에 가담했음이 밝혀졌다. 당시의 배신감과 허탈함은 이루 말할 수 없을 정도였다. 하지만 그만큼 자책도 했다.

"제 삶의 굴곡이 외부적인 요인 때문에 일어나는 일도 있었지만 결국은 내 실수예요. 2002년도에도 제가 슬기롭게 대처하지 못한 탓도 있었고, 승부 조작 사건도 어떻게 보면 감독으로서 관리 소홀일 수도 있거든요. 저뿐 아니라 코치들, 회사까지. 선수들을 제대로 관리하지 못한 부분은 인정해야죠."

돌아보면 조금 더 현명하게 대처하면 어땠을까 하고 후회되는 순간들도 있다. 그렇지만 결국 그 순간에 최선이라 믿는 길을 갔다 생각한다. 인생이 내 뜻대로 흘러가지 않는다는 걸 박항서는 경험으로 뼈저리게 체득한 셈이었다. 아무리 잘하려 노력하고 의도가 좋다고 해도 감독은 결국 결과로 보여줘야 하는 자리다. 성적에 대한 스트레스와 압박감이 심해 평탄치 않은 일들을 겪으며 공황장애가 온 적도 있었다.

상주 프로 축구단 감독 시절에 두 번이나 갑자기 쓰러져서 응급실에 실려 갔다. 분명 정상적으로 숨을 쉬고 있는데 숨이 안 쉬어지는 감각과 함께 이렇게 죽는 건가 싶은 공포감이 몰려왔다. 어떨 땐 차를 타고 다리 위를 지나가는데 이러다 갑자기 떨어져서 죽는 게 아닌가 싶은 두려움이 확 들이닥쳤다. 병원에 가서 검사해보니 공황장애라고 했다. 2년 정도 약을 먹으니 무기력증이 심해져 되도록 약을 줄이려 노력했고 지금은 많이 호전된 상태다. 스트레스가 없는 사람이 어디 있겠느냐만은, 미처 막을 도리 없이 닥쳐오는 여러 번의 불운은 아무리 축구를 좋아한다 해도 감당하기에는 너무 버거운 고난이었다. 하지만 그럼에도 축구를 그만둘 생각은 없었다.

"지금 생각해보면 스스로 자기 관리나 처세술이 부족했다고 생각하기 때문에, 축구에 대한 회의감이나 누군가에 대한 원망 같은 것은 없습니다. 어찌 됐든 제가 가장 잘할 수 있는 게 축구밖에 없고 이게 내 직업이기 때문에 그냥 이 길을 가는 게 옳다고 생각했죠. 축구하면서 힘든 일이 있어도 다른 길을 심도 있게 고민해본 적은 없었습니다."

한편으로는 내 힘으로 어쩌지 못하는 시련이 있었기 때문에 어느 상황에서든 내 길을 찾아 나아갈 수 있는 힘이 생겼다고 생각한다. 불안하고 두려운 날들도 있었지만, 인생은 예측할 수 없다는 말처럼 이러지도 저러지도 못하고 멈춰 있을 때 뜻밖의 제3의 기회가 나타나기도 한다. 어려운 순간에는 원망이 앞서지만, 그때 잠시 멈춰서서 주변을 둘러보면 보이지 않던 길이 보일 수도 있었다. 박항서가 베트남으로 향하기로 결심한 것도 외부적인 불운이 겹쳐 K리그로는 복귀할 수 없겠다고 생각하며 표류하고 있었기 때문이다.

"살면서 딱 멈춘 순간이 중요하다고 생각해요. 나락으로 떨어질 때는 제자리로 가기 위해서 뒤를 안 돌아봅니다. 또 앞으로 가고 있을 때는 무조건 전진하기만 하거든요. 오히려 내가 멈춰 있는 순간에 앞뒤를 살펴볼 수 있어요. 그때가 이제 뭘 해야 하는지 차분하게 생각하는 기회였어요."

다시 움직이기 시작하다

중국으로 해외 진출을 하고 싶었으나 사스 때문에 좀처럼 성사되지 않았고, K리그는 젊은 감독들이 자리를 잡고 있어 더 이상은 기회가 없다고 생각했다. 그런데 문득 아내가 동남아에 연이 있던 스포츠 마케팅 회사 대표를 만나보라고 소개시켜 줬다. 그렇게 동남아 진출 얘기가 나오다 흐지부지해지는 듯하더니, 1년 만에 갑자기 전화가 걸려왔다. 동남아 감독으로 갈 생각이 없느냐고 하길래 나라가 어디냐고 물으니 베트남이라고 했다. 심지어 베트남 국가대표팀이라는 것이다.

긍정적인 답변을 했지만 그때만 해도 이게 정말 성사가 될까 긴가민가했는데, 열흘 만에 일사천리로 계약이 추진됐다. 나중에 알고 보니 베트남에서 2014년에 일본 감독, 2016년에 베트남 감독을 썼는데 모두 결과가 좋지 않았고, 다시 일본인 감독을 물색하던 중 축구 협회 고위직에 있는 분이 자신이 책임질 테니 한국인 감독을 데려오자고 강력히 주장했다고 한다. 그렇게 최종적으로 박항서 감독이 뽑혔다.

사실 베트남 축구팀은 감독의 무덤으로 유명했다. 외국인 감독 평균 수명이 고작 8개월이기 때문이다. 게다가 스포츠 기자가 인터넷 기자를 포함하여 무려 350만 명이다. 축구 시합을 하면 안방에서 보던 관객도 감독에 빙의하기 마련인데,

축구에 대한 애정과 관심이 엄청난 베트남에서 자칫 잘못하면 얼마나 큰 망신을 당하겠는가. 결과를 얻지 못하면 그야말로 죽음의 길이었지만 박항서는 베트남으로 향했다. 밑져야 본전이니 1년 만이라도 버티자는 생각이었다. 물러설 곳 없던 그에게 그곳이 기회가 될지 무덤이 될지는 아직 모를 일이었다.

베트남에서 박항서의 입지가 자리 잡히기 시작한 것은 바로 2017년 12월 태국을 상대로 승리를 거뒀을 때부터였다. 베트남에서 태국전이란 쉽게 말해서 우리나라의 한일전과 비슷한 의미다. 그동안 태국전의 전적이 2승 4무 16패였다. 거듭되는 패배에 라이벌 의식이 한껏 높아져 있었고, 이전 감독들의 경질 사유 역시 태국전에서의 패배였다. 태국에 지면 사임해야 하는 자리라고 해도 과언이 아니었다.

그런데 박항서가 태국전에서 10년 만의 승리를 이끌었다. 처음에는 운이라고 생각하는 사람들도 있었으나 2019년 3월 아시아 축구 연맹이 주관하는 AFC U-23 축구 선수권 대회 예선에서 다시 한 번 태국을 상대로 4:0의 대승을 거두자 더 이상의 의심은 없었다. 경기 직후 기자회견에서 "이제 더 이상 태국을 무서워하지 않아도 될 것 같다."라는 그의 인터뷰는 베트남 사람들을 열광시켰다.

이후로도 고작 취임 1년여 만에 박항서가 이루어낸 성과는 놀라웠다. 2018 AFC U-23 축구 선수권 대회 사상 첫 베트남 결승 진출, 2018 하계 아시안 게임 사상 첫 4강 진출, 2018 AFF 스즈키컵에서 10년 만의 우승, 2019 AFC 아시안컵에서 12년 만에 8강 진출까지. 특히 스즈키컵은 동남아의 월드컵이라 할 정도의 최대 관심사였는데, 이곳에서의 우승이라는 최고의 결과로 베트남 전체가 축제 분위기였다. 그동안 국민의 축구 애정에 비해 성과가 미미했던 베트남 축구가 박항서를 만나 기적 같은 비상을 시작한 것이다.

인생의 결정골은 이제부터

박항서가 베트남 감독으로 부임했을 때 무엇보다 신경 썼던 것은 현지화였다. 2002년, 유럽에서 온 히딩크 감독도 한국의 문화와 정서를 존중하려고 노력했다. 박항서도 베트남에 왔으니 축구와 관련해 바꿀 것은 철저히 바꾸되, 그들의 문화를 최대한 존중하려고 했다. 선수들과 문화적 충돌을 줄이고 교감하기 위해 밥도 한국 음식이 아닌 현지 메뉴를 먹었다. 한번은 그가 한 베트남 선수의 발을 마사지해주는 영상이 SNS에 공개되며 화제가 되기도 했다. 언어가 통하지 않는 만큼 몸으로 통하는 스킨십은 서로 마음을 전하고 신뢰를 쌓는 좋은 대화가 되어주었다.

"솔직히 한국에서는 스킨십을 잘 안 하는 편이었어요. 그런데 제가 베트남어를 못하니까 통역으로 간접적인 소통을 할 수밖에 없잖아요. 그러니까 어떻게든 직접 소통할 수 있는 방법을 찾다 스킨십을 많이 하게 된 거죠. 아침에 악수를 하든 하이파이브를 하든 일단 스킨십을 하는데, 그것만으로도 선수들 컨디션을 느낄 수 있거든요."

말이 통하지 않아 긍정적인 부분도 있었다. 통역으로 말하기 답답하다 보니 세세한 단점을 교정하려 들기보다 오히려 장점을 많이 칭찬했고, 그런 칭찬이 선수들의 역량을 최대로 끌어내곤 했다. 그래서 박항서의 리더십을 '파파 리더십'이라고 한다. 선수들에 대한 애정이 진심이 아니었다면 선수들이 가장 먼저 느꼈을 것이다. 긴 코치 생활 동안 선수들과 감독 사이에서 가교로 소통하는 일이 익숙한 덕분이었을까. 말이 통하지 않아도 진심은 분명 통하고 있었다.

모든 대회에 최선을 다했지만 특히 기억에 남는 경기는 중국에서 열린 2018 AFC U-23 축구 선수권 대회다. 베트남 선수들은 눈을 본 적이 있는 사람이 두 명밖에 없을 정도로 눈 속에서 경기한 경험이 전무한 팀인데, 그날은 폭설 속에서 경기를 치러야 했다. 심지어 베트남과 달리 눈에 익숙한 우즈베키스탄 팀이 상대였다. 눈에 너무 신경을 쓰면 자신감을 잃겠다는 생각이 들어 박항서는 전날 선수들을 모아

놓고 물었다.

"눈이 녹으면 뭐가 되지?"

"물입니다."

"어차피 눈이나 비나 경기장 위에서는 물이나 마찬가지다, 오히려 신장이 작은 베트남 팀이 유리할 수 있다."

박항서는 그렇게 선수들의 마음을 다잡아 주었다.

눈발이 날리는 날씨 속에서 최선을 다했지만, 결국 연장전에서 우즈베키스탄의 결승골로 우승을 하지는 못했다. 이미 기대 이상의 성취였지만 아쉬움이 클 수밖에 없었다. 그런데 경기 후 라커룸으로 들어가 고개를 푹 숙인 채 기가 죽어 있는 선수들을 보자 박항서는 정신이 번쩍 들었다. 그때 박항서가 했던 말은 유명하다. 선수들뿐 아니라 베트남 국민의 마음까지 다독여준 한마디였다.

"최선을 다했으니 고개 숙이지 마라. 자부심을 가져라. 너희는 충분히 그럴 자격이 있다."

베트남 선수들을 이끈 그의 리더십에는 노장이 오랜 경험으로 쌓은 노하우가 녹아 있다. 인생에서 무언가를 시도한다면 필연적으로 실패를 겪을 수밖에 없다. 하지만 그 실패는 결국 내 경험이자 재산이 된다. 대부분은 은퇴를 준비하는 60대라는 나이에 그가 베트남에서 새로운 도전을 할 수 있었던 것도 어쩌면 무수한 실패를 통해 충분한 경험을 쌓아 왔기 때문이 아닐까. 물론 좋아하는 일이라면 언제 어떤 자리에서라도 계속하던 성실한 도전이 이어져 온 덕분이기도 하다.

"농담처럼 얘기하지만 '내 삶 자체가 늘 도전'이었던 것 같아요. 늦다면 늦은 나이에도 다시 도전할 수 있었던 건 결국 축구였기 때문이에요. 내가 제일 잘할 수 있는 거니까. 누가 베트남 가서 사업을 하라고 하면 못 했을 거예요. 내 인생의 8할을 바친 축구였기 때문에, 언제 어디서라도 선택할 수 있었던 거죠."

늦게 시작한 만큼 쉬지 않고 뛰어 첫 골을 넣었듯, 누구보다 성실하고 꾸준하게 뛴 끝에 그는 베트남에서 멋지게 인생의 결승골을 넣어 보였다. 인생의 후반전을 달리는 나이지만 그는 축구에서라면 언제든 새로운 도전을 할 준비가 되어 있다. 연장전의 마지막 1분에도 역전골이 터지듯이, 우리가 끝이라고 생각하는 순간이 언제든 시작이 될 수 있기에.

"감독님이 계속 본인을 표현하시기에 생계형 감독이었다고 하셨어요. 또 지금까지 이력을 들어보면 사실 빛나던 순간보다 떨어졌던 순간이 훨씬 더 많았잖아요. 제가 보기에 감독님은 실패에서의 계속 무언가를 얻어 앞으로 나아갈 수 있었던 것 같아요. 예를 들어 절박함 같은."

박항서
×
유희열

"제 생각에 축구가 재미있는 이유는, 모든 운동경기를 통틀어서 이렇게 점수 따기가 힘든 스포츠가 없거든요. 그런데 심지어 경기가 꽹장히 길어요. 중간에 쉬는 시간도 없이. 그런데보게 돼요. 방금 말씀하셨던 기절할 것 같은 그한 골 때문에 그걸 보게 되더라고요. 그래서 축구와 인생이 닮은 점이 있지 않나 싶어요. 힘들다가도 그걸 엎을 만큼 희열을 느끼는 부분이 있으니까요."

10

한 가지는 꼭 잘하는 게 있으니, 확신을 가지세요

∽

목표를 설정하는 방법

리아킴

락킹(locking)과 힙합 댄스로 세계대회 우승을 거머쥔 세계적인 안무가. 유튜브 구독자 2,300만 명이 넘는 채널 '1MILLION DANCE STUDIO'를 운영하며 춤으로 전 세계와 소통하고 있다.

선미 〈가시나〉, TWICE 〈T.T〉, 마마무 〈HIP〉 등의 안무로 유명하며, SM엔터테인먼트, YG엔터테인먼트, JYP엔터테인먼트, 로엔엔터테인먼트 등 대형기획사의 안무가 및 트레이너로 활동했다. 이효리, 소녀시대, 원더 걸스, 보아, 2NE1, miss A, 박재범, f(x), 트와이스, EXID, 2PM 등 굵직 한 케이팝 아티스트들의 춤 스승이다.

"우연히 찍게 된 춤 영상이 유튜브에서
순식간에 20만 뷰가 나오더라고요.
일반 무대에서는 아무리 많아도
몇백, 몇천 관객이 전부였는데
그렇게 많은 사람이 내 춤을 보다니.
처음 겪는 일이었죠.
그때 온라인이 또 하나의 무대가 될 수 있다는 걸
깨달았어요.
'우리가 춤출 무대는
앞으로 여기가 될 거야!'"

한동안 SNS에서 우울하고 무기력할 때 웃긴 동작을 따라 하면 기분이 나아진다는 말이 유행처럼 번진 적이 있다. 실제로 심란하고 복잡한 머리를 정리하는 데 몸을 움직이는 것이 가장 좋은 해결책이기도 하다. 누구나 출 수 있는 춤은 어쩌면 절망을 정면 돌파하기 위한 가장 강력한 무기일지도 모른다. 2021년 현재 대한민국에서 최고로 핫한 댄서이자, 2,300만 명이 넘는 구독자를 보유한 '원밀리언 댄스 스튜디오'의 대표 리아킴은 춤이 가진 힘을 그의 삶을 통해 증명한다. 한 소도시의 거리에서 춤을 추던 어린 학생은 어느덧 세계를 놀라게 하는 댄서가 되었고, 세계 최고의 자리에서 또 다른 꿈을 꾸기 시작했다.

춤과의 첫 만남

어린 시절 리아킴은 소극적인 아이였다. 초등학교 때 전학을 자주 다니다 보니 친구들 무리에 매번 새로 적응하는 데 우여곡절을 겪곤 했다. 특히 6학년 2학기 때 마지막으로 전학을 가면서 반장선거에 나갔는데, 전학생이 반장선거에 출마하자 잘난 척한다며 아니꼽게 보는 아이들이 있었다. 그 아이들과 같은 중학교에 진학한 탓에 중학교에서도 친구들 사이에 적응하지 못했고 따돌림을 당했다. 별 도리 없이 학교를 의무적으로 오갔지만 특별히 하고 싶은 일도, 신나는 일도 없었다. 바로 그 무렵, 리아킴은 운명처럼 춤을 만났다.

어느 날 TV를 보고 있는데 마이클 잭슨의 내한 공연이 나왔다. 마이클 잭슨이 오프닝 때 무대에 팡 하고 튀어나와 포즈를 잡고 서서, 선글라스를 쓴 채로 관객들을 스윽 쳐다봤다. 춤을 춘 것도 아니고 그저 무대 위에 우뚝 선 채 시선을 보냈을 뿐인데, 관객들이 미친 듯이 열광했고 심지어는 울고 쓰러져 나갔다. 저 사람의 아우라가 얼마나 크기에, 그 존재감이 얼마나 압도적이기에 현장의 관객들이 저렇게까지 몰입할까? 언젠가 나도 한 번쯤은 그런 아우라를 가진 사람이 되고 싶다는 생각이 마음 깊은 곳에서 둥실 떠올랐다.

그리고 그때 처음으로 '춤을 춰야겠다.'고 마음을 먹었다. 아버지에게 말했더니 동네 작은 청소년 문화센터의 댄스 수업에 등록해 주셨다. 돌아보면 공부에도, 학교에도 흥미를 붙이지 못하던 소극적인 딸에게 지푸라기라도 쥐어 주고 싶은 마음에 흔쾌히 춤을 허락하지 않았을까.

그렇게 처음 댄스 수업에서 춤을 접했던 순간이 아직도 매우 선명하다. 선생님이 다이아몬드 스텝이라는 네 박자의 기본 스텝을 가르쳐줬는데, 태어나서 느껴본 적 없는 새로운 감각이 몸을 스쳐갔다. 학교에서 수학 선생님에게 아무리 설명을 들어도 이해되지 않던 느낌과 달리, 머리와 몸이 배우는 족족 흡수했다. 이게 바로 적성일까? 잘할 수 있을 것 같았다. 주변의 많은 친구가 잘하지 못하고 어려워했다. 내가 남보다 뭔가 더 잘한다는 기분, 내가 무언가 잘하는 일을 발견하는 기분을 그때 처음으로 느꼈다. 리아킴의 인생에 '춤'이 스며들기 시작한 결정적인 첫 순간이었다. 춤을 추는 것 자체가 너무 신나고 좋아서 집에 가는 내내 다이아몬드 스텝으로 걸었다. 주변 사람들도 신경 쓰지 않았고 창피한 줄도 몰랐다. 그렇게 춤과 첫눈에 푹, 사랑에 빠져버리고 말았다.

쉽게 익히기 어려운 춤을 마주해도 의욕은 옅어지지 않았다. 센세이션한 충격을 받았던 마이클 잭슨의 문워크를 배울 때는 어려웠지만 해내겠다는 의지가 샘솟았다. 집에서 거울 대신 깜깜한 베란다 유리에 비치는 자신의 모습을 보면서 밤새도록 연습을 했다. 다음 날 수업에 가서 연습한 문워크를 선보이니 모두 "너 어떻게 한 거야?" 하며 놀랐다. 나도 한 가지는 잘하는 게 있다, 그리고 더 잘하고 싶다는 마음이 원동력이 되어 춤 연습만큼은 아무리 해도 지치지 않았다.

"나중에 친구들이 말하기로는 제가 사실 몸치라는 거예요. 타고난 게 아니라고요. 그냥 정말 열심히 한 덕분에 좋은 춤을 췄다고 하더라고요. 그런데 그때 저는 노력한다고도 생각하지 않았어요. 그냥 좋아서, 재미있어서 푹 빠져 있었죠. 어쩌면 무엇을 좋아하는 마음을 가지는 것 자체가 재능이 아닐까 해요."

고등학생이 되자 안양시에서 운영하는 댄스 동아리에 들어가 본격적으로 춤 공연 등 관련 활동을 시작했다. 당시에는 일본에서 들어온 오사카 힙합처럼 새로운 장르의 댄스를 주로 연습했다. 그때 안양 시장님이 청소년들이 모여서 자유롭게 춤출 수 있는 공간을 무료로 개방해 줬다. 보통 춤추는 아이들은 비행 청소년이라는 편견이 있던 시기였는데, 그런 선입견 없이 연습할 수 있도록 거울까지 붙여준 덕분에 많은 춤꾼이 약속하지 않고도 그곳에 모여 꿈을 키워갔다.

이미 춤으로 세계를 제패하겠다는 야심 찬 꿈을 꿀 즈음이라 자연스럽게 공부는 뒷전이 됐다. 늘 밤샘 연습을 하다 보니 수업 시간에 잠만 잤다. 한번은 눈이 마주친 친구가 "어? 나 얘 눈 뜬 거 처음 봐." 하고 놀랄 정도였다. 당시 머릿속엔 온통 춤밖에 없어서 고등학교에도 진학하지 않으려 했다. 학교생활에 적응도 못했지만, 학교에서 배우거나 얻고 싶은 게 없어서 그 시간이 의미 없게 느껴졌다. 어머니가 설득해서 일단 학교에 가긴 했는데, 막상 가서도 공부는 전혀 하지 않고 춤만 추니 부모님 입장에서도 슬슬 걱정이 될 법했다.

"부모님도 걱정하셨는데 한번 안양시 청소년들이 하는 공연을 보고는 제가 얼마나 행복하게 열정을 가지고 하는지 느끼셨나 봐요. 그 후로는 학교 선생님에게 대신 얘기해서 공부에 신경 쓰지 않고 하고 싶은 일을 마음 편하게 할 수 있게 많이 도와주셨어요. 아버지도 저 몰래 연습하는 곳에 와서 제가 땀 흘리며 춤추는 모습을 보셨나 봐요. 이후로는 적극적으로 지지해주시더라고요."

그렇게 고3 입시 시즌을 맞이했고 부모님께 대학은 가지 않겠다고 선언했다. 대신 A4용지에 앞으로의 계획을 적은 포트폴리오를 제출했다. 대학 등록금의 절반만 지원해주면 그 이후는 알아서 먹고 살겠다는 포부를 적었다. 이미 미래를 위해 어떤 것을 배울지 계획이 있었다. 댄스, 그리고 세계적인 댄서가 될 예정이니 영어 공부도 하겠다고 결심했다. 한때의 객기나 치기가 아닌 미래를 위해 진지하게 고민한 결과였다. 자신은 대학 진학보다 이 길이 합당하다는 것을 보여주려 열심히 연습했다. 하고 싶은 것을 정확하게 알고 있었기에 부모님을 설득할 수 있었고, 결국 부모님도 이해해주셨다.

"운이 좋았어요. 딱 꽂히는 적성을 찾는 일이 쉽지 않잖아요. 그걸 빨리 알아서 정말 운이 좋았다고 생각해요."

아침에는 학교 책상에 엎드려 잠만 자고, 저녁이 되면 음악에 맞춰 땀을 흘리며 몸을 움직였다. 다른 친구들과는 조금 다른 그 길을 단호하게 선택해 그에 따른 책임을 기꺼이 받아들이기로 결심했다. 비교적 이른 시기에 적성을 찾은 건 행운이다. 하지만 그 길로 발을 디디기 위해 확고한 용기를 낸 사람은 리아킴 스스로였다.

오직 배우고 싶다는 열망으로

'동네에서 춤 좀 추는 아이'였던 리아킴은 고2 때 처음 서울에 올라와 우리나라 최고의 댄스 팀이었던 NY크루를 찾아갔다. 그때 락킹이라는 펑키한 힙합 댄스를 배웠다. 이전부터 동경해 동영상을 찾아보면서 따라 연습하던 춤을 실제로 배우니 힘든 줄도 몰랐다.

매일 늦게까지 연습하며 열정을 쏟는 모습이 제법 진지해 보였는지, 하루는 선생님이 제안을 했다. 조만간 '하드 트레이닝(hard training)'이라는 걸 시작할 건데, 원래 수강료를 내야 하지만 생각이 있으면 무료로 보겠느냐고 물었다. 춤에 목말랐던 아이가 배움의 기회를 마다할 리 없었다.

그런데 수업은 예상과는 조금 다르게 흘러갔다. 첫 수업에서 제일 먼저 한 일은 팔굽혀펴기 1,000개였다. 그것도 일반 팔굽혀펴기가 아니라, 팔을 굽힌 상태로 한참 멈춰 있다가 느리게 올라와야 했다. 초보자가 팔굽혀펴기를 단번에

1,000개씩 하는 일이 쉬울 리 없었다. 하지만 해내지 못하는 건 더 싫었다. 그날 체격도 체력도 다양한 20여 명의 학생 중 유일하게 리아킴만 1,000개를 전부 끝마쳤다. 다른 사람보다 힘이 좋은 것도 아닌데 어떻게 할 수 있었을까. 스스로 생각해도 앞만 보고 돌진하는 경주마 같았던 모습이 놀라울 정도다.

"정말 이상하게도 하드 트레이닝을 받을 때 '난 이제 죽었다.'가 아니라 '너무 재미있겠다!' 하는 마음이었어요. 뭐든지 하고 싶은 상태라서 선생님이 시키니까 일단 이 악물고 했죠."

이후로도 트레이닝은 말 그대로 '하드'했다. 수업 때마다 해야 하는 팔굽혀펴기 수는 늘었고, 양팔을 쭉 펴고 왼쪽 손가락 끝에서 오른손 끝으로 웨이브를 보내야 하는 암 웨이브도 1,000개씩 했다. 노래에 어울리는 안무를 다음 날까지 짜오라는 과제를 소화하느라 잠을 거의 못 잘 때도 많았다. 그렇게 두 달여의 트레이닝을 받으니 몸을 많이 써서 어깨 근육이 하계 교복이 꽉 끼어 맞지 않을 정도로 빵빵해졌다. 이후 선생님이 미국으로 떠나면서 하드 트레이닝이 마무리됐지만, 덕분에 리아킴은 지금도 누구보다 빠른 암 웨이브 실력을 자랑하게 됐다.

고등학교를 졸업하고 나서도 배움에 대한 열정은 커지기만 했다. 대학에 진학하는 대신, 일정 금액의 수강료를 내면 모든 클래스를 자유롭게 들을 수 있는 재즈댄스 학원 무제한 수강권을 끊었다. 그렇게 1년 정도는 아침에 눈 뜨면 스트레칭 후 바로 학원에 가서 춤추고, 끝나면 또 원래 하던 힙합 댄스를 배우는 빠듯한 스케줄을 소화했다.

"대학에 간 친구들은 학교에 가서 수업을 듣잖아요. 친구들이 하루에 몇 시간쯤 수업을 들을지 계산해서 그것보다는 더 많은 연습을 해야 친구들보다 더 잘될 수 있다고 생각해서 고등학교 다닐 때보다 더 열심히 춤을 췄어요. 그때는 춤추면 날라리라는 시선도 있었거든요. 그렇지 않다는 걸 보여드리려면 정말 성실하게 열심히 연습해야 한다고 생각했어요."

사실 온갖 춤을 섭렵하고 다니는 리아킴을 걱정하는 선배도 많았다. 춤을 추더라도 특정 장르에 집중해 한 우물만 파는 게 좋다는 생각이 지배적이었기 때문이다. 하지만 배우고 싶은 춤을 하지 않고는 참을 수 없었다. 다른 사람들의 방식을 기준 삼아 내 방향을 정하고 싶지는 않았다. '내가 원하는 만큼 하자.', '내가 믿는 방향으로 가자.'라고 생각하며 마음 가는 대로 움직였다. 지금 와서 생각하면 많은 장르를 배운 게 자산이 됐다. 표현 가능한 느낌과 영역이 다양해져 원하는 이미지를 몸으로 구현해 낼 방법이 많아진 셈이었다.

그중 가장 좋아하는 춤은 팝핀(poppin)으로, 근육을 순간적으로 튕겨내는 춤이다. 팝핀과 강렬한 첫 만남은 한 퍼포먼스 대회에서 이루어졌다. '위너스'라는 댄스 크루의 멤버들이 관절을 하나하나 꺾으며 춤추는 걸 보고 엄청난 충격을 받았다. 그전까지 부드러운 웨이브만 추던 리아킴에게는 접해본 적 없는 새로운 세상이었다.

"난 이걸 꼭 배워야겠다, 저걸 내 몸으로 꼭 구현하고야 말겠다, 이런 생각으로 무작정 단장님을 찾아갔어요. '공연에서 보니까 너무 멋있던데 어떻게 하는 거예요?' 하고 물어보면서 다짜고짜 배우기 시작했죠."

대뜸 찾아와서 춤추는 비법을 알려달라고 하자 당연히 처음에는 황당해하며 얼버무렸다. 고스란히 전수해줄 리 없으니 나름대로 연습해서 보여주고, 또 다음날 찾아가서 어려운 부분을 물어보면서 조금씩 요령을 배웠다. 단장님도 틀린 안무를 보고 모른 척할 수도 없고, 적극적으로 찾아오는 리아킴을 내칠 수도 없어 조금씩 도와주다 본격적으로 춤을 가르쳐 주고 말았다. 이왕 이렇게 됐으니 아예 팀으로 들어오라는 제안에 결국 리아킴도 '위너스' 팀원으로 합류했다. 나중에는 그곳에서 선생님으로 다른 학생들을 가르치기까지 했다. 얼떨결에 직장까지 얻은 셈이었다.

리아킴은 13세 이하의 어린 친구들이 속한 영재 육성반 담당이었다. 당시에는 기획사의 캐스팅 매니저들이 수업을 지켜보다 캐스팅을 해 갔다. 그때 학생들이 지금은 케이팝 슈퍼스타다. 현아, 씨엘, 소녀시대 효연, 미쓰에이 민 등 댄스로 유명한 가수들이 리아킴의 댄스반 출신이다. 그런데 오디션에 합격한 아이들의 춤을 보고, JYP, SM, YG엔터테인먼트 3대 기획사에서 레슨을 해달라는 연락이 오기 시작했다. 당시에는 팝핀이 독특한 장르라 가르치는 사람이 많지 않았기 때문이다. 그렇게 배우고 싶은 열망으로 시작한 춤은, 어린 댄서 꿈나무를 키워내는 데에 이르렀다.

내가 정말 원하는 게 뭘까

2005년도에는 처음으로 연예인의 방송 안무 작업을 하게 됐다. 지금은 단종된 휴대전화 애니콜 CF에서 이효리가 춘 안무를 리아킴이 만들었다. 그 춤이 엄청난 신드롬을 일으키면서 웬만한 대학 동아리에서도 다들 따라 출 정도였다. 그걸 계기로 이효리의 다음 앨범 수록곡인 〈Get Ya〉 안무에 참여했고, 백업 댄서로도 활동하기 시작했다. 팝핀을 응

용한 시계태엽 춤도 엄청난 인기를 끌었다. 많은 사람이 내가 짠 안무를 따라 한다는 게 너무 벅차고 행복했다. 물론 스트리트 댄스와 케이팝 안무가를 병행하는 게 흔한 일은 아니다 보니, 댄서가 상업적으로 활동한다며 부정적으로 보는 시선도 있었다. 하지만 리아킴에게는 역시나 그저 하고 싶은 일을 마음 가는 대로 하는 수순일 뿐이었다.

"오히려 굉장히 좋은 기회라고 생각했어요. 제가 이단아적인 게, 다른 사람이 생각하는 틀 안에 들어가려고 노력하거나 눈치를 보지 않아요. 내가 도전하고 싶은 일이 주류 문화에서 소외당하는 분야라도 하고 싶으면 꼭 해야 하는 그런 성향이에요."

하지만 〈Get Ya〉 이후로 방송 백업 댄스 활동을 그만뒀다. 자신이 만든 안무를 아티스트가, 그것도 최고의 슈퍼스타가 너무나 멋있게 표현해줘서 뿌듯했지만, 한편으로는 내가 직접 춤추고 싶다는 강한 열망이 고개를 들었다. 특히나 당시는 안무가에 관심 자체가 없던 시기였다. 음반이 나오면 그래도 작곡가나 작사가는 알려졌지만 댄서는 조명을 받지 못할 뿐만 아니라 한 명의 아티스트로 인정받기도 어려웠다. 심지어 기획사에서 댄스 레슨비를 은근슬쩍 떼먹는 경우도 허다했다. 하나의 직업이 아닌 춤추는 아이들, 노는 아이들 정도의 취급을 받아 답답했다.

백업 댄서의 처우도 상당히 열악했다. 모든 시스템은 가수 위주였고, 댄서들은 따로 대기실이 없어 복도에서 기다리는 일이 허다했다. 촬영이 새벽에 끝나도 교통비 지원이 없어 찜질방에서 자거나 지하철역에 앉아 첫차를 기다렸다.

"저희도 스스로 아티스트라고 생각하는데, 방송가에서는 전혀 대우나 존중을 받지 못했어요. 그냥 부르면 와서 춤추고 가는 애들처럼 대했거든요. 그런 느낌이 들어서 이후로는 방송 활동을 하고 싶지 않더라고요. 다시 스트리트 댄스로 돌아가 대회와 배틀에 집중하는 계기가 됐죠."

한 사람의 스타를 만들기 위해 뒤에서 일하는 수많은 사람이 있지만, 그들의 존재는 좀처럼 조명되지 않고 쉽게 지워진다. 내가 만든 춤이 대중에게 사랑을 많이 받았어도 댄서로서의 처우나 현실이 달라지지는 않았다. 내가 직접 내 춤으로 원하는 것을 표현하는 무대를 원했지만 이런 시스템에서는 아무리 노력해도 불가능했다. 댄서는 주인공이 될 수 없는 무대. 노력으로 극복할 수 없다는 걸 알자 더 답답했다. 결국 '내 무대'에 대한 갈증과 열망은 리아킴을 세계 대회 무대로 이끌었다.

세계 최고의 자리에서 찾아온 슬럼프

2008년 '4DA 넥스트 레벨'이라는 스트리트 댄스 세계 대회에 배틀 게스트로 초청을 받았다. 각국의 유명한 댄서들이 모여 토너먼트 형식으로 경연을 벌여 국적, 성별, 나이에 관계없이 장르별 세계 1등을 뽑는 대회다. 항상 세계적인 무대로 나가고 싶었는데, 국제적인 무대에 도전해볼 기회가 온 것이다. 현장에 가 보니 영상 속 유명한 댄서들이 한자리에 있어 신기하면서도 그들과 함께 있다는 사실에 가슴이 뛰었다. 그때까지만 해도 당장 그들을 이기겠다는 야심보다는 '언젠가 우승할 거야.'라는 꿈을 품었고, 그것만으로도 심장이 뜨거워졌다.

관객들은 조그마한 여자가 팝핀을 추자 신기해했다. 같이 초대된 유명한 미국과 일본의 댄서들도 말을 걸어왔다. 어설픈 영어로 이야기를 나누며 즐겁게 배틀에 참여했는데, 의외로 16강부터 8강, 4강, 계속 승리가 이어졌다.

"제가 꼭 한번 보고 싶었던 사람들, 최고라고 생각했던 사람들도 떨어지는데 내가 계속 올라가니까 '이게 뭐지?'라는 생각이 들면서 신기하고 정신이 없었어요. 그냥 기를 쓰고 열심히 했을 뿐인데 말이죠. 한 번은 제가 정말 좋아하는 흑인 댄서랑 붙었어요. 기분이 묘했지만 음악이 나오는 순간 '에이 모르겠다, 그냥 해보자.' 하고 또 춤을 췄죠. 근데 심사위원이 또 저를 선택하는 거예요. '이상한데? 이 게 꿈인가, 생시인가.' 하면서 결승에 올라갔죠."

결승 무대를 앞두니 갑자기 실감이 나서 긴장감을 감출 수 없었다. 그때 방금 전 붙었던 흑인 댄서가 다가오더니 목 근처에 손을 갖다 대는 제스처와 함께 한마디 던졌다.

"킬 힘!(Kill him!)"

'가서 무대를 찢어버려!'라고 말하는 듯한 응원에 불끈 에너지가 차올랐다. 모두가 라이벌이었다가, 용기를 북돋아 주는 친구였다가, 한편으로는 동료 같기도 했다.

락킹이라는 춤의 창시자 중 한 명인 그렉 켐벨락 주니어 가 직접 심사하는 자리에서 마침내 락킹 부문 2위, 팝핀 부 문 1위로 챔피언과 2개 장르 동시 입상이라는 전무후무한 타이틀을 차지했다. 최종 우승자 발표의 순간, 발표를 기다 리는 1분이 1년처럼 느껴졌다. 비로소 심사위원이 리아킴의 손을 들어줬을 때 온 세상을 발 밑에 둔 기분이었다. 우승도 좋았지만 그들에게 '너의 캐릭터는 특별하다, 너의 춤은 진 짜다.'와 같은 인정을 받았다는 사실에 더없이 벅차올랐다. 내가 잘 해왔다는, 자신의 춤과 여태껏 걸어온 길에 확고한 믿음이 생기는 순간이었다.

그러나 인생의 달콤한 순간은 현실을 깨닫는 순간 깨졌

다. 전 세계 댄서들과 관객이 모여 축하 파티를 하고 호텔 방으로 돌아오자 익숙한 정적이 그를 맞이했다. 대회의 여운을 붙잡고 '오늘 내가 드디어 세계 챔피언의 자리에 올랐다.'라고 되뇌어 봤지만 알 수 없는 공허함이 짜릿한 행복의 끝을 비집고 들어왔다. 대회의 여운을 흘려보내고 완전히 다시 현실로 복귀한 건 연습실에 돌아왔을 때였다.

칠흑같이 어두운 지하 연습실은 세계 챔피언이 되어 돌아온 리아킴을 평소처럼 묵묵히 반겼다. 수익이 변변치 않아 놓아둔 간이침대와 온수가 나오지 않는 화장실, 간헐적으로 튀어나오는 곱등이도 그대로였다. 대회에서 2~300만 원 정도의 상금을 받았지만 생활을 바꿀 수 있을 정도는 아니었다. 방금 전 샴페인을 터트리던 축제와 비교하자 현실이 더 우울하게 느껴졌다.

"어릴 적부터 꿈꾸던 챔피언이 됐는데, 나는 원래 이 자리에 있던 사람이라는 현실을 너무 잘 알아버린 순간이었어요. 세계 최고가 되면 모든 게 바뀔 줄 알았는데, 사실 아무것도 바뀌지 않았죠. 제가 너무 막연하게 꿈꿨나 봐요. 꿈과 현실의 차이에서 오는 괴리감이 잘 채워지질 않더라고요."

꿈꾸던 최정상에 올라간 순간, 리아킴의 슬럼프가 시작됐다. 그전까지는 그냥 하고 싶어서, 재미있어서 겁 없이 전진

했다. 하지만 챔피언 타이틀을 달자 사람들의 기대치가 어깨 위에 무겁게 내려앉았다. 실력 좋은 새로운 친구들이 계속해서 나타나는데 1위 타이틀은 방어해야 했고, 실수하지 말아야 한다는 부담감이 커지니 사람들의 시선이 의식되고 몸이 굳어갔다.

'지면 창피한 거야.'

자신을 다그치느라 더 이상 즐기면서 편안하게 춤을 출 수가 없었다.

그러면서 많은 대회에서 탈락하게 되고, 한번은 중국의 한 세계 대회에서 10살 즈음의 신동 댄서에게도 패배했다. 자기도 모르는 사이에 자존감이 엄청나게 무너져내렸다. 내리막이 있으면 한 번쯤은 올라갈 법도 한데, 그즈음에는 지독할 만큼 끝없는 내리막길뿐이었다. 게다가 반짝이고 화려한 일을 마친 후, 어둡고 우중충한 방으로 돌아가는 현실이 반복되자 모든 게 신기루처럼 느껴져 공허함이 커졌다.

"춤추기 싫다, 춤을 그만두고 싶다는 생각이 들 정도였어요. 그동안의 열정이 한순간에 사라지니까 챔피언이 나한테 과연 왕관이었을까 아니면 독이었을까 싶더라고요. 그런데 지금은 인생 방향을 '세계 최고'로 잡았던 게 잘못이었다고 생각해요. 이 목표를 이루니 다음 목표가 없어지고, 뭘 해야 할지 모르니까 허무함도 크게 찾아왔죠. 그렇지만 그런 허무함을 빨리 느꼈기 때문에 다른 목표가 필요하다는 것도 깨달았어요."

그 무렵 〈댄싱9〉이라는 댄스 서바이벌 프로그램에 참여했다. 이미 세계대회에서 1등까지 한 이력이 있으니 우승을 자신했는데, 제자였던 아이돌이 심사위원인 초반 경연에서 탈락하고 말았다. 그때의 충격은 말로 다 못 할 정도다. 탈락 원인은 10년 동안 가수들을 트레이닝하고 가르쳤는데도 도저히 안무가 외워지질 않는다는 데에 있었다. 곰곰이 생각하니 그동안 다른 사람에게 춤을 가르치는 아웃풋은 많았지만 스스로 배우는 인풋이 없었다.

오디션에 탈락했지만 좌절하지 않았다. 오히려 새로운 춤을 연습해야 한다는 걸 깨닫자 반가운 마음이 피어났다. '난 아직 멀었구나, 내가 오만했구나.' 하고 생각을 바꾸자 신인이나 다른 장르 댄서들에게서 배울 점이 보였고 다시 마음이 끓어오르기 시작했다. 끝난 줄 알았던 순간에 새로운 시작점에 도달한 것이다.

"겸손하게 처음부터 다시 배워야겠다고 생각해서 마음을 열고 다른 댄서의 안무 영상, 유튜브 영상을 찾아보기 시작했어요. 〈댄싱9〉에서 저와 아예 다른 장르를 추는 현대무용 참가자에게 영감을 많이 받았거든요. 제가 락킹, 팝핀, 재즈, 스트리트 댄스는 다 할 줄 아는데 현대무용을 그때 처음 접했거든요. 그 현대무용 친구와 함께 만든 춤이 선미의 〈24시간이 모자라〉였어요."

리아킴은 선미의 〈24시간이 모자라〉, 〈가시나〉, 〈보름달〉 등 안무 작업에 참여하며 본격적인 안무가로서 이름을 알리기 시작했다. 이전까지의 리아킴이 퍼포머였다면, 안무가로서 인생 제2막을 연 셈이다.

나와 우리, 모두의 새로운 무대

리아킴은 현재 '원밀리언 댄스 스튜디오'라는 2,300만 구독자와 해외 수강생까지 거느린 초대형 댄스 스튜디오를 운영 중이다. 카리스마 넘치는 단발머리와 다채로운 표정까지 춤의 일부로 녹이는 리아킴의 흡입력에 전 세계 댄서가 주목했다. 유튜브에선 댄스 채널 전 세계 1위를 차지하고 있다. 그가 스튜디오와 무대를 넘어 유튜브를 기반으로 한 온라인 무대에 진출한 계기는 무엇이었을까.

"댄스 대회에 나갔을 때 '야크 필름스'라는 유튜브 댄스 콘텐츠 제작 단체에서 영상을 찍자고 제안해 왔어요. 그래서 근처 공사장을 배경으로 팝핀 댄스를 추고, 유튜브에 올렸는데 순식간에 20만 뷰가 나오더라고요. 이후에도 몇 번 올린 영상이 이슈가 됐고요. 일반 무대에서는 아무리 많아도 몇백, 몇천 관객이 전부인데 이렇게 많은 사람이 내 춤을 보다니. 그때 온라인이 또 하나의 무대라는 걸 깨닫고, '앞으로 우리가 춤출 곳은 여기야!'라고 확신했어요."

리아킴은 곧바로 행동에 들어갔다. 지하 연습실을 청산하고 반지하 월세의 다섯 배 크기의 연습실을 계약했다. 월세에 인테리어 공사비까지 부담스러운 비용이었지만 몇 개월 동안 수입을 덧붙여 조금씩 새로운 공간을 마련했다. 그렇게 원밀리언을 처음 오픈했을 때, 반지하에서 볼 수 없던 햇빛 사이로 좋은 예감을 느꼈다.

업로드할 댄스 콘텐츠를 개발해 2015년, '1MILLION DANCE STUDIO' 유튜브 채널을 개설했다. 그때만 해도 이렇게까지 많은 사람이 영상을 볼 줄은 몰랐는데, 놀라운 속도로 구독자가 늘었다. 특히 최초 도입한 카메라 기법인 스태빌라이저를 활용해 춤의 생동감과 개성을 생생하게 담아 인기를 얻었다.

원밀리언의 강점 중 하나는 실력 있고 매력적인 강사진이다. 리아킴은 프리랜서 안무가들의 수입이 불안정하다는 것을 누구보다 잘 알았다. 원밀리언을 만들 때 안무가들에게

이 같은 서러움을 느끼게 하고 싶지 않아 '러닝 개런티'를 도입했다. 강사의 실력에 따라 수강생이 많아질수록 인센티브를 가져가는 시스템이다. 원밀리언은 안무가가 노력한 만큼의 보상을 받는 환경을 조성하고, 그들이 주체적인 아티스트로 활동할 수 있도록 매니지먼트 역할도 하고 있다. 리아킴은 춤이 '날라리들의 취미'가 아닌 하나의 직업이자 문화라는 것을 알리고 안무가들에게 다양한 기회를 제공하고자 한다. 그래서일까. 리아킴은 롤모델로 의외의 인물을 꼽는다. 바로 백종원 대표다.

"이제 '혼자 춤을 잘 춰서 세계 1등이 되자'가 아닌, '좀 더 많은 사람과 춤을 추고 싶다'라는 새로운 목표가 생겼어요. 백종원 대표는 누구나 요리를 할 수 있도록 대중에게 쉽게 전달하잖아요. 저도 춤이 어렵다는 편견을 깨고 누구나 즐길 수 있는 문화라는 걸 많은 사람에게 알려서 '댄서계의 백종원'이 되고 싶어요."

어릴 때부터 남들과 다른 길을 꿋꿋이 걸어온 리아킴은 아웃사이더였을지 모른다. 그렇지만 소외된 길에서 새로운 시도를 하며, 어느새 많은 사람과 춤이라는 매개체로 소통하고 꿈꾸는 인사이더가 된 듯하다.

"Best One이 되는 동시에 Lonely One이 되었어요. 이제 독보적인 자리에 오르는 것보다는 Everyone으로, 모두와 즐길 수 있는 활동을 하고 싶어요."

사람들은 노래를 즐기며 영감을 얻곤 한다. 이처럼 누군가 춤을 통해 인생의 또 다른 윤활유를 접한다면 조금이나마, 또 누군가의 삶은 어쩌면 전혀 다른 모습으로 달라지지 않을까. 모두 춤을 즐길 수 있고, 누구나 춤을 통해 한 뼘씩 더 행복해질 수 있다고 리아킴은 믿는다.

11

훌륭한 삶 말고,
나한테 맞는 삶을 사세요

✺

천천히 내려놓는 방법

유시민

스스로를 '지식 소매상'이라고 칭하는 작가. 대학에서 경제학을 전공했으나 경제학보다는 역사학, 철학, 문학에 관심이 더 많았다. 한때 정치와 행정에 몸담았다가 2013년부터 전업작가로 복귀했다. 〈알아두면 쓸데없는 신비한 잡학사전〉, 〈썰전〉, 〈방구석 1열〉 등 시사 비평이나 지식 콘텐츠를 담은 방송 프로그램에 종종 출연했다.

다양한 분야에 대한 관심, 경험을 바탕으로 많은 책을 썼고, 그중 다수가 베스트셀러가 됐다. 그동안 지은 책으로 《어떻게 살 것인가》, 《국가란 무엇인가》 《나의 한국현대사》 《유시민의 글쓰기 특강》, 《청춘의 독서》 등이 있다.

"정치하는 삶은, 훌륭하다고 봐요.
작은 허점만 보여도 치명상을 입는 직업이고,
승자가 패자를 자기 손으로 죽이지 않을 뿐
결국 그와 같은 결과를 야기하죠.
이런 무서운 조건에서 사회적 선을 위해
정치를 하겠다는 결심은
그 자체로 훌륭한 일이에요.
반면 지금 나의 삶은 안온하죠.
내가 좋아하는 일을 하고
좋아하는 사람을 만나는 삶.
행복한 삶이지만 훌륭한 삶은 아니에요.
그런데 훌륭한 삶을 살고 싶지 않아요.
그냥 저한테 맞는 삶을 살고 싶어요."

불분명한 정보와 수많은 가치가 범람하는 세상에서 우리는 무엇을 믿고 어떤 행동을 취해나가야 할까. 스스로 존엄을 지키기 위해 선택해왔다면 설령 나의 기대와 다른 곳에 도달하더라도 비참한 패배라 할 수는 없을 것이다. 우리는 어떤 의미를 부여하고 어떤 방향으로 행동하느냐에 따라 각자 다른 삶의 의미를 찾아낸다. 작가, 정치인, 유튜버까지 다양한 직업을 거치며 행동하는 삶을 살아온 유시민은 우리에게 시대 흐름 속에서 때론 원치 않는 소용돌이에 휩싸일지라도, 각자 어떻게 중심을 잡고 자신의 삶을 신뢰할 수 있는지 알려준다.

생존을 위한 글쓰기

1979년 박정희가 사망한 10.26 사건 이후 전두환의 신군부가 정권을 장악하기 전까지, 대한민국에서 격렬한 민주화 운동이 벌어졌던 기간을 일명 '서울의 봄'이라 한다. 수많은 청년이 민주화를 외쳤던 격동의 시절, 유시민은 당시 서울대 총학생회를 중심으로 한 대의원회 의장을 맡고 있었다.

1980년 5월 17일 밤, 서울대 총학생회에 계엄군의 병력 이동에 대한 심상치 않은 제보가 들어오며 오늘 밤에 계엄군이 학교로 들이닥칠 것 같다는 소식이 전해졌다. 학생처장도 오늘은 학교에 있지 말라고 당부하며 농성하던 학생들을 다 집으로 돌려보냈다.

당시는 일종의 전시 상황이었기에 총학생회장실에 상황 전화가 있었다. 다른 대학교에도 총학생회 번호가 다 공지되어 있었기에 상황을 파악하기 위해서 하루 종일 전화가 걸려왔다. 누군가는 남아서 이 전화를 받고 상황을 전파해 줘야 했기에 의장이던 유시민은 학생들이 대피하고 텅 빈 학교에 남아 있었다. 상황이 급박해지면 도망을 가긴 해야겠지만, 최후까지 전화는 받아야 한다고 생각했다.

"라디오를 조그맣게 틀어놓고 계속 전화를 받고 있었어요. 무슨 일이 생기면 서울대 총학생회장실로 전화하는 게 정보 교환이 제일 빠르다고 되어 있었으니까. 그때 무슨 생각을 했는지 기억이 나요. 도망은 가야 하는데, 그냥 가려니까 좀 창피한 거야. 아직 잡으러 오지도 않았고, 아직은 학교 안에 경찰이나 군인이 들어오는 상황은 아니었거든요. 그러니까 그래도 마지막까지는 책임을 다하고 버티다가 도망을 가야 하지 않을까? 싶었던 거죠. 도망가더라도 좀 모양새 있게 가고 싶었나 봐, 내가."

그러다 밤 11시 반쯤, 비상계엄 확대 조치가 발표되었다. 비상계엄 선포 지역을 전국 일원으로 변경하겠다는 발표였다. 이제 정말 군인들이 덮칠 테니 피해야겠다고 판단하고 문을 열었는데, 이미 그들은 들이닥쳐 밖에서 현관을 잠가놓은 쇠사슬을 뜯고 있었다. 일단 도망칠 경로는 미리 계산해놓았기에 다른 쪽으로 나가려던 찰나, 하필 그 순간에 전화벨이 울렸다. 함께 있던 대여섯 명은 모두 피했지만 멈칫하는 순간 저 전화까지는 받아야겠다는 생각이 들었다. 재빨리 다시 들어와 전화를 받자마자 "여기도 왔어요, 빨리 도망가세요!" 하고 전화를 끊었다. 그리고 돌아서는 순간 그 짧은 사이에 옆차기가 날아오며 눈앞에 권총이 겨눠졌다. 생전 처음 본 권총의 질감은 비현실적이면서도 몹시 선명했다.

  "사실 그때는 순간적으로 벌어진 상황이라 정신이 없었어요. 그보다 진짜 무서웠던 순간은 그보다 이틀 전날, 서울역 집회가 진짜 무서웠어요."

이틀 전인 1980년 5월 15일은 서울역 광장에 10만 명의 대학생이 운집한 날이었다. 병력이 오고 있다는 첩보는 들어오는데 학생 지도부에서는 절대 해산하면 안 된다며 해산 금지 구호를 외쳤다. 유시민 역시 선배들의 말대로 버스 위에 올라가 시위를 계속해야 한다고 소리쳤다. 하지만 어쩌면 오늘 당장 죽을 수도 있을 거라는 공포가 점점 실체를 가지며 밀려들었다. 아직 21살을 맞이하기도 전이었다.

하지만 그때 더 두려웠던 것은 이곳에 있는 그보다 더 어린 후배들, 그리고 이제 막 대학교 1학년이 되었던 그의 여동생에게 어떤 일이 닥칠지 모른다는 것이었다. 학생회 지도부로서는 죽을지도 모른다는 극단적인 상황까지 각오하고 있었으나 어린 후배들은 어떻게 해야 하나, 내가 외치는 정의가 어린 후배들을 죽게 할지도 모르는 상황이 너무 무섭고 두려웠다.

그런데 학생회장들이 모여서 회의를 하더니 오늘은 일단 학교로 돌아가기로 결정했다고 발표했다. 그 순간, 당장 30분 전까지도 여기서 밤새도록 싸우자고 목소리를 내고 있었던 그의 마음속 어딘가가 탁 풀리는 느낌이 들었다. 내심 오늘 밤 아무 일도 일어나지 않을 거라는 사실이 무척이나 다행스러웠던 것이다. 군인도 보이지 않고 잡으러 오는 이들도 없이 학생들만 10만 명이 모여있었던 그때, 수많은 젊은 생이 보이지 않는 위협에 고스란히 노출되어 있던 그때가 유시민에게는 가장 공포스러운 기억으로 남아 있다.

다시 5월 17일 밤. 총학생회실에서 전화를 받다가 계엄사령부 합동수사본부로 잡혀간 유시민을 앉혀놓고, 그들은 다짜고짜 구타부터 하기 시작했다. 벌써 학생회 조직 도표를 가지고 있는 데다가 유시민은 대의원회 의장이었으니 형식적인 조사도 필요 없었다.

그 안에서 유시민은 생존을 위해 글을 쓰기 시작했다. 낮에는 진술서를 쓰고 밤에는 또 얻어맞는 상황이 반복되었는데, 어쨌든 진술서를 쓰는 동안에는 때리지 않으니 최대한 글을 길게 늘려 오랫동안 진술서를 써야 했다. 핵심 정보는 노출하지 않으면서, 정보 가치가 없는 사실들을 최대한 상세하게 묘사하고 상상력을 더해 써 내려갔다. 많을 땐 하루에 100장을 쓸 때도 있었다. 심지어 수사국장이 와서는 집회 풍경이 눈앞에 생생히 그려진다며 "대학생이 글을 이 정도는 써야지." 하고 감탄할 정도였다. 그 절박한 상황 속에서 글 쓰는 재능을 발견한 셈이니 아이러니한 일이었다.

그렇게 두 달간의 합수부 조사가 끝난 뒤에는 계엄법 위반으로 군법재판에 회부됐다. 재판 과정은 단순했다. 약 40여 명이 묶여서 앉아 있으면 군검사가 나와서 공소사실을 줄줄 읊었고, 그걸로 끝이었다. 변론 절차도 없이 바로 선고를 했다. 변호인도 없었고 가족들만 겨우 창문 밖에서 방청할 수 있었다.

"재판장이 선고를 하면서 나한테 물어보더라고요. 몇 달 전으로 돌아가서 똑같은 상황이 되면 또 그럴 거냐고. 사실 '안 하겠습니다.' 하고 싶었죠. 생사가 오가는데 너무 무서워서 실제로 의기소침해 있기도 했던 시기예요. 만약에 '앞으로 또 할 거냐?'고 물었으면 그냥 '건전한 시민으로 살겠습니다.' 하고 모호하게 답변했을 수도 있어요. 그런데 두

달 전으로 돌아가서 똑같은 상황이면 어떻게 할 거냐고 묻는데, 이미 내가 한 일에 대해서 반성하라는 뜻이잖아요. 그건 못 하겠더라고요."

뒤에서 부모님이 방청을 와서 지켜보고 계셨다. 여기에서 뭐라고 말해야 할까, 잠시 갈등했지만 "똑같은 상황이 오면 똑같이 할 수밖에 없습니다." 하고 대답해버렸다. 자존심 때문이었는지, 두렵고 무서워도 내가 한 일에 대하여 자기부정을 할 수는 없었다. 아버지는 그 대답을 듣자마자 집으로 가버리셨다. 풀려나긴 글렀다고 여기셨던 것이다.

그런데 뜻밖에도 공소기각 선고가 나왔다. 어찌된 일인가 싶었지만 일단 짐을 싸서 교도소를 나와 남은 영치금으로 택시를 타고 누나 집으로 갔다. 유시민의 올곧은 대답을 듣고선 완전히 체념하고 있던 가족들도 화들짝 놀랐다. 고향에 계신 어머니께도 기쁜 소식을 알리려 전화를 드렸는데, 어머니는 전화를 받으시자마자 "집에 통지서가 와 있다."고 말씀하셨다. 이미 입영을 위한 신검 통지서가 먼저 도착해 있었던 것이다.

대구 50사단 신체 검사장에 가서 검사를 받는데, 엑스레이 사진이 채 나오기도 전에 병역 수첩을 받았다. 검사 결과 '정상' 도장이 이미 열세 개가 찍혀있고 '1급 갑 현역 입대'라 선명히 적혀 있는 수첩이었다. 36시간 후 논산에 집합하

라는 것이다. '도망을 가야 하나? 가면 죽는 거 아냐?' 무서운
마음이 들었지만 그 와중에 병역기피는 정말 하고 싶지 않았
다. 죽는 한이 있어도 가야지 어쩌겠나, 하는 마음으로 결국
풀려나자마자 이틀 만에 입대를 하게 됐다.

교도소 독방에서 탄생한 〈항소이유서〉

유시민이라는 인물이 전국의 젊은이들에게 알려진 가장
큰 계기는 복학 후 1984년, 이른바 '서울대 프락치 사건' 때
문이었다. 1984년 서울대 운동권 학생들에 의해 벌어진 외
부인 집단 구타 사건인데, 유시민이 주모자로 지목되어 1심
에서 1년 6개월의 징역형을 선고받았다. 그때 교도소 독방
에서 쓴 것이 지금까지도 명문으로 회자되고 있는 〈항소이
유서〉다.

"항소이유서는 기본적으로 억울해서 쓰는 거예요. 누군가
를 한 대도 때리지 않고 특수 폭력 혐의로 징역을 살아야
한다는 판결에 하도 어이가 없어서 항소하려고 쓴 거죠.
그때 나를 돕던 변호사들이 모두 무료 변론해주던 사람
들이었는데, 그들에게 항소 이유서까지 쓰게 하는 것이 죄
송해서 직접 썼어요. 항소 이유서는 형식적으로 '불복하고

항소합니다.'라고 간단하게 쓰면 돼요. 그런데 감옥에서 할 일도 없고 시간도 많아서 기왕 쓰는 김에 1심부터 지금까지 말도 안 된다고 느껴졌던 부분을 써내려 가기 시작한 거죠. 그러다 보니 마지막에 내가 왜 이렇게까지 됐는지에 대한 신세 한탄도 들어가게 되고."

이 〈항소이유서〉는 '본 피고인은 우선 이 항소의 목적이 자신의 무죄를 주장하거나 1심 선고 형량의 과중함을 애소(哀訴)하는 데 있지 않다는 점을 분명히 밝혀두고자 합니다.'라는 글의 서두에서 드러나듯 일종의 시국 선언문에 가까운 내용이었다. 무려 200자 원고지 100장 분량에 달하는 엄청난 양인데, 그걸 퇴고도 없이 쭉 써 내려갔다는 사실이 더욱 놀랍다. 교도관의 감시하에 한정된 공간, 한정된 시간 내에서만 쓸 수 있었기 때문에 그럴 수밖에 없었다. 펜도 없이 열흘 동안 머릿속에서 첫 문장부터 마지막 문장까지를 완성해 둔 뒤, 바둑에서 복기를 하는 것처럼 14시간에 걸쳐 종이 위로 모든 수를 옮겨 써내려 갔다. 얇은 종이 4장에 먹지 3장을 끼워서 7장을 합쳐놓고 안 나오는 볼펜으로 눌러쓰면 같은 내용이 3장 나온다. 그걸 각각 교도소, 검찰, 법원으로 보냈다.

그렇게 쓰인 〈항소이유서〉는 당시 판사들이 돌려볼 만큼 명문이었다. 인권 변호사들이 보고는 혼자 보기 아깝다면서 유시민의 누이를 통해 법원 기자실에 전달했고, 그게 동아일보에 조그만 박스 기사로 실렸다. 유죄 선고를 받은 피고인이지만 호소하는 내용이 일견 타당하니 귀를 기울여볼 가치가 있지 않겠느냐는 취지의 기사였다. 그런데 그 기사가 나가자 전문을 보고 싶다는 독자들의 전화가 빗발쳤고, 복사본이 여기저기 전파되며 알려지기 시작했다. 정작 교도소에 있던 유시민은 그런 상황까진 알 수 없었지만 결과적으로 〈항소이유서〉가 운동권에서는 필독 리스트에 올라갈 만큼 유명세를 탔고, 그걸 계기로 전국구로 이름을 알리게 됐다. 유시민의 〈항소이유서〉는 네크라소프의 시구로 끝을 맺는다.

'슬픔도 노여움도 없이 살아가는 자는 조국을 사랑하고 있지 않다.'

세상이 바뀌지 않을지라도

20대 대부분을 민주화 운동으로 보내며 다시 떠올리고 싶지 않은 괴로운 순간들을 맞닥뜨릴 때가 많았다. 맨손으로 위협과 폭력에 맞서며 내가 이걸 계속할 수 있을지 의심을 품게 되는 것도 사람이기에 어쩔 수 없었다. 그런데 그 두려움을 정면으로 마주하며 유시민을 감동시킨 한 사람이 있다.

군법회의에 회부되었을 때였다. 7월 초여름, 열댓 명의 수감자들이 총을 든 헌병들에게 둘러싸여 포승줄에 묶인 채 조사 받을 차례를 기다리고 있었다. 아무도 소리를 내지 않고 고요한 가운데 멀리서 매미 우는 소리만 들려오는데, 갑자기 나비 한 마리가 안으로 들어왔다. 나비는 나가는 길을 찾지 못해서 파닥거리며 유리창에 계속 부딪치고 있었다. '저 나비를 잡아서 밖에 놔줘야 하는데….' 다들 나비의 날갯짓에 귀를 곤두세우고 있었으나 공포심에 억눌려 숨소리마저 죽인 채 꼼짝하지 못했다.

"헌병들이 착검한 총을 들고 지키고 있으니까 무서워서 아무도 감히 움직이지 못했어요. 근데 갑자기 뒤에서 누가 일어나는 소리가 나는 거예요. 보니까 어떤 분이 턱 일어나더니 천천히 걸어서 창가에 가 나비를 두 손으로 잡고는, 다시 천천히 걸어서 밖으로 나비를 놔주고, 자리로 또 천천히 돌아와 앉은 거죠. 헌병도 차마 어떻게 못 해요."

모두가 멈춰 있는 공간에서, 그의 움직임은 마치 소설에나 나올 법한 장면처럼 비현실적으로 느껴졌다. 누구도 하지 못한 행동을 의연히 실행에 옮길 수 있는 용기는 대체 어디서 나온 것일까. 유시민은 나중에야 그분이 제정원이라는 이름을 가진 가톨릭 수사님이었다는 걸 알게 됐다. 그러자 어쩌면 종교가 두려움을 이길 수 있는 게 아닌가 하는 생각이 들었다. 그 역시도 종교를 가지면 이 두려움을 이겨낼 수 있을지 궁금했다.

그래서 군대 첫 휴가를 나갔을 때 제정원 수사님을 찾아갔다. 그런데 그분은 수도사라 안 계시고, 형님이자 일평생 도시 빈민 생존권 운동을 하셨던 제정구 선생님을 만날 수 있었다. 왜 왔느냐고 하기에 두려움을 이기고 싶어서 왔다고 대답했다.

"지금 군대에서 첫 휴가를 나왔는데, 논리적으로 생각하면 제대하고 또 민주화 운동을 해야 하는데 너무 무서워서 못 하겠다는 생각이 자꾸 듭니다. 그런데 제정원 수사님을 보니 신을 믿으면 그 도움으로 두려움을 이겨낼 수 있는 것 같은데, 저도 교회에 나가면 그렇게 될 수 있을까요?"

그런데 제정구 선생님은 고개를 저으며 "교회에 나오지 말라."고 대답했다.

"신을 믿어도 두려움을 없앨 수는 없습니다. 두려움을 없애겠다는 건 신이 되겠다는 것과 마찬가지입니다."

납득이 안 되어서 되물었다.

"그럼 그분은 어떻게 그런 행동을 하셨고, 또 선생님은 어떻게 이렇게 힘든 길을 가십니까? 두려움이 없어서가 아닙니까?"

그리고 돌아온 답은 예상치 못한 것이었다.

"두려움은 극복할 수 없기 때문에, 그냥 참고 견디는 거래요. 신을 믿는 것이 두려움을 견디는 데 다소 힘이 되어줄 수는 있지만 그렇다고 안 무서워지는 건 아니라고. 다만 이렇게 두려움을 가진 채로 살아나가는 용기가 있으면 되는 거라고 말씀하시더라고요."

두려움을 이기는 묘안을 기대했기에 다소는 실망했으나, 결국 내가 옳다고 믿는 일을 행할 때 두려움은 품고 갈 수밖에 없다는 것을 깨닫게 되었다. 당시의 제정원 수사님도 헌병의 총칼 앞에서 두려웠겠으나, 살려고 발버둥 치는 나비를 놔주기 위해서 두려움을 무릅쓴 채 그렇게 움직였던 것이다. 그저 해야 한다고 여겼기에 하는 일이었으리라.

지금도 주변을 둘러보면 이길 수 없는 싸움을 맨몸으로 해나가는 사람들이 있다. 아무도 관심이 없고 세상이 바뀌리란 희망은 요원한데도 끊임없이 목소리를 내는 사람들, 그들은 왜 아무런 무기도 없이 세상과 부딪치려 하는 것일까. 유시민 역시 총칼에 맞서 민주화 운동을 하던 당시, 세상이 당장 바뀌리라는 기대를 한 건 아니었다고 말한다. 그때는 철권통치가 모든 권력을 독점하던 유신 말기였다. 시위한다고 해서 신문에 한 줄 나지도 않고, 3분 동안 민주화를 외치면 잡혀가서 징역 3년을 살던 시대다. 맨주먹으로 탱크와 총칼을 앞세운 독재를 이긴다는 건 아무리 낙관적으로 봐도 기대하기 어려웠다.

"이길 수 있다고 생각하면 못 해요. 해야 하니까 하는 거지. 그냥 있으면 너무 못나 보이잖아. 물론 안 해도 되고 누가 억지로 시키지도 않아요. 근데 생각해보면 어쩐지 좀 비겁해 보이더라고요. 너무 비참한 거예요. 못 이긴다는 건 알겠는데 그렇다고 이 부조리한 현실을 그냥 외면해야 하나? 그렇게 평생 비참함을 느끼면서 살아야 하나? 그러니까 결국 사람들은 세상을 못 바꾸는 걸 알면서도, 나를 지키기 위해서 그걸 해요. 내가 존엄하게 살기 위해서."

유신 체제하에 살게 된 건 개인의 잘못이 아니고, 내가 책임져야 할 일도 아니다. 우연히 그 시대를 살고 있을 뿐이니 누구에게 주어진 의무 같은 건 없었다. 하지만 그렇다고 그대로 살아가면 자신이 비겁하고 비참하다는 감정을 계속 느끼게 될 것 같았다. 이길 수 없는 싸움을 해나가는 것은 괴로웠지만, 적어도 그것은 자신이 납득할 수 있는 삶이었다.

"결과적으로 고생은 많이 했지만 내 삶이 비참하다는 감정은 안 느끼고 살았어요. 그건 꽤 괜찮았어요."

물론 그때 함께하던 이들이 다 같은 마음은 아니었을 것이다. 이기는 게 목적이었던 사람들은, 패배를 예감하면 신념을 접고 승기를 잡은 편의 진영으로 넘어가기도 했다. 그러나 유시민은 그 역시 하나의 인생이라 여긴다. 어떤 선택의 단면으로만 누군가의 삶을 재단할 수는 없기에. 다만 나의 존엄을 지키려고 싸운 이들에게는 실패도 괜찮은 것이었다. 성취를 거두면 좋고, 실패하더라도 옳은 삶을 살고 있기에 비참하지 않았다.

정치를 시작했던 이유

처음 정치를 시작하게 된 건 민주화 운동을 하다가 경찰 수배에 올라가 꼼짝 못 하고 반지하 방에 숨어 글을 쓰고 있을 때였다. 당시 더불어민주당 이해찬 대표가 초선 의원을 하던 1988년이었는데, 유시민에게 연락을 취해와서 보좌관을 하며 자신을 도와주면 수배도 풀어주겠다고 했다. 학교 선배가 좋은 뜻으로 정치에 나섰으니 후배로서 도와드려야겠다는 생각도 들고, 숨어서 활동하는 것에도 지쳐 있던 때라 실무자로 들어가 일을 하게 됐다.

5.18 진상을 규명하는 광주특위나 노사 분쟁을 해결하는 노동위원회 실무 담당으로 현장을 다니다가, 당시 초선 의원이던 고 노무현 전 대통령을 처음 만났다. 묘하게도 첫 만남

에서 한눈에 '대통령을 하실 분'이라는 느낌이 왔다. 어려운 말을 쓰지 않고 보통의 쉬운 언어를 통해 이야기하는데 그 안에 들어있는 콘텐츠가 확실해 믿음이 갔다. 그때부터 인간적인 호감으로 친분을 쌓아가게 되어 독일 유학을 가 있던 와중에도 방학이면 들러 만나고 같이 경제학 공부도 하는 관계가 됐다.

그러다가 2002년 대선을 앞두고 국민경선을 할 때, 노무현 후보 캠프에 자원봉사를 하러 오가다가 나중에는 아예 일도 그만두고 매일 나오면서 돕게 됐다. 글 쓰는 일을 하고 싶었기 때문에 대선 후보 경선까지만 돕고 다시 작가로 돌아갈 계획이었다. 그런데 갑자기 반노 인사들의 심상치 않은 행보가 이어지며 후보 교체 목소리가 나오기 시작했다. 내가 좋은 사람이라고 생각하는 분이 대통령이 돼야 하는데, 힘든 상황이 온 것이다. 다시 하던 일을 접고 '국민 후보 지키기 운동'을 하며 서명도 받고 각 지역에 조직을 만들어 힘을 보탰고, 극적으로 노무현 후보가 대통령에 당선됐다.

"결국 나는 단순하게 그냥 노무현 대통령이 좋아서 정치를 시작한 거예요. 선거 운동을 돕다 보니 국회의원 출마를 안 하기가 어려운 상황이 됐어요. 누군가는 나가서 이겨야 하는 상황이었으니까. 나라도 나가라고 해서 나갔다가 국회의원이 된 거고, 국회의원 됐으니까 좋은 법을 좀 만들어야지 해서 이것저것 했죠. 처음에 단순하게 생각하고 시작을 했는데 하다 보니까 이게 그렇게 단순하게 할 수 있는 일이 아니더라고요."

복지위원회 일을 하면서 처음엔 건강보험 본인 분담금 상한제, 보험 급여 적용 범위 활동, 고령 빈곤층 현금 지원 등 의욕적으로 발의를 많이 했는데 늘 예산이 없다는 답만 돌아왔다. 젊은 혈기에 울컥해서 노 대통령을 찾아가 "어르신들에게 복지 공약은 많이 했는데 지금까지 하신 게 뭐가 있어요?" 하고 따지면서 차라리 복지부 장관을 시켜달라고 했다. 독일 유학을 가서 5년 동안 보건경제학을 전공했기에 그곳에서 선진 복지 시스템을 많이 보기도 했고, 우리나라에 적용하고 싶은 정책들이 많았다.

그렇게 2006년 2월 10일 보건복지부 장관에 임명되었으나, 장관 지명을 받았을 때 반대하는 목소리가 높아 크게 논란이 일기도 했다. 국회 첫 출근 날에 이례적으로 백바지를 입고 나타날 만큼 삐딱한 모습을 보였던 그는 장관 청문회 때 이전과 달리 단정하고 공손한 모습으로 등장했다. 장관 자리에서는 국회 협조 없이는 행정 업무가 불가능하기 때문에, 일을 잘하기 위해 인간관계부터 풀어나가겠다는 겸허한 태도를 몸소 보여준 셈이었다.

보건복지부 장관을 지내면서 만든 굵직한 정책들도 있었

지만, 티는 많이 안 나더라도 누가 어떤 혜택을 받는지가 비교적 확실한 종류의 정책들도 여럿 만들고자 했다. 예를 들면 저소득 아동이 후원금을 저축하면 정부가 같은 금액을 적립해 사회 진출 시 자립 자금으로 사용할 수 있게 하는 디딤씨앗통장이나, 암이나 심혈관 질환 등 만성 중증에 대해 건강보험 본인 부담금을 5%까지 하향하고, 본인 부담금 상한선을 300만 원으로 도입하는 혜택 등은 지나고 봐도 보람있는 일로 기억에 남았다.

짐작과는 다른 일들

우리나라에는 정치인을 유독 부정적으로 보는 시선이 많은데 그 이유는 뭘까. 유시민은 정치에서 싸움 자체가 불가피한 부분이 있다고 설명한다. 정치는 전쟁을 문명화해놓은 장치이기 때문이다. 전쟁은 인류 역사의 첫 기록부터 이어져 왔다. 인류 역사 내내 권력을 잡은 세력이 무기를 동원해 다른 세력을 몰살했다. 이것이 점점 문명화를 거쳐 변화한 것이 지금의 정치다. 총칼 대신 말로 싸우고, 표로 승부를 내는 싸움이다.

요즘은 말보다도 빠른 온라인에서의 일명 '랜선 정치'도 활발하게 이루어지고 있다. SNS를 통한 뉴스 소비가 활발해

지고 대부분의 정치인이 자신의 개인 유튜브 채널을 운영하고 있을 정도다. 소식이 전해지는 속도가 빨라지고 소통 창구가 많아진 만큼 확실치 않은 정보를 노출하여 상대 진영을 공격하는 일도 적지 않다. 그러다 보니 수많은 정보 속에서 무엇이 진실이고 무엇이 가짜인지 구별하는 일이 중요해졌다. 가짜 뉴스의 범람 속에서 사람들은 팩트를 체크하기 이전에 짐작으로 누군가를 비난하기도 하고, 또 때론 자신이 그 대상이 되어 억울함을 호소하기도 한다.

"사실 이 문제는 근원적이고 본질적이며, 또 한편 영원히 해결할 수 없는 문제라고 봐요. 무슨 일이 언론에 나면 우리는 보통 사실이라고 생각하잖아요. 근데 우리가 살아가는 세상에는 짐작과는 다른 일들이 너무너무 많아요. 그래서 자기가 직접 알고 있는 문제와 관련된 기사를 보면 '이거 엉터리야.' 하고 비판하면서도 자기가 잘 모르는 문제에 대해선 대충 사실일 거라고 여기죠, 모두가. 그러니까 이건 인간에게 근본적인 한계가 있기 때문이라고 봐요. 헤어날 수 없는 연옥이죠."

각자 내가 이기는 것이 선이라고 믿기에 싸움은 불가피하고, 그렇다면 상대방을 공격할 수 있는 정보는 취하되 나에게 불리한 정보는 외면하는 게 사람의 심리다. 믿고 싶은 것만 믿는 사람들의 심리를 공략하는 가짜 뉴스는 그만큼 자극적이라서, 그렇지 않은 뉴스보다 최대 20배까지도 빨리 퍼져나간다는 연구 결과가 있다.

"저는 이러한 싸움을 어느 정도 받아들여야 한다고 봐요. 때로 진흙탕 싸움처럼 보이는 이런 싸움이 사실상 불가피하다는 거죠. 다만 우리의 과제는 저 싸움을 없애는 게 아니라 더 문명화하는 거예요. 정치라는 도구를 더 능숙하고 품위 있게 사용하는 게 숙제인 거죠. 아예 싸움 자체를 없애려고 '왜 싸워, 시끄럽게' 하면 민주주의가 망하는 거라고 저는 생각해요."

결국 가짜 뉴스라는 것은 정치라는 전쟁의 부산물로 늘 있어 온 상흔 같은 것이지만, 대신 조금씩 나아지려고 노력하는 데에 의미가 있다고 본다. 유시민은 '기본적으로 꿰맨 자국이 없는 옷은 없으며, 민주주의는 우리 모두의 상흔이 꿰어져 있는 누더기'라고 설명한다. 꿰맨 자국을 없애려 하기보단 그걸 직시하면서 발전해 나가는 것이 더 중요하다.

다만 한 사회가 어느 정도 균형을 유지하기 위해선 뉴스를 대하는 개개인의 성찰도 필요하다고 본다. 어떤 뉴스를 볼 때 '이게 맞을 거야.'라고 생각하더라도 한편으로는 '여기 보도한 것과는 또 다른 면이 있을 거야.'라고 일단 한 수를 접고 모든 가능성을 열어두는 것이다. 이러한 태도를 얼마나 많은 사람이 가지고 있느냐에 따라서 그 사회의 상황이나 분위기가 좌우될 수 있다.

"가짜 뉴스에 빠지지 않으려면 내가 나를 얼마나 믿을 수 있는가, 도대체 어디까지가 내 생각인가, 내가 가진 생각은 진짜 나의 생각인가, 내 생각은 옳은 것인가? 그런 걸 항상 점검해야 해요. 그러려면 나 자신과 내가 가진 생각 사이에 거리감을 유지해야 하죠. 내가 현재 가진 생각이 타당하지 않다는 소리를 듣거나 그와 반대되는 정보를 들었을 때, 거리감이 있는 사람은 그걸 수용할 수 있거든요. 근데 나 자신과 내 생각 사이의 거리감이 없으면 그걸 배척하게 돼요. 그렇게 되면 확증 편향이라는 게 생기고 가짜 뉴스에 현혹되기 쉽죠."

생각을 인격과 동일시하면 누가 내 생각을 지적하거나 반대되는 이야기를 했을 때 내가 부정당한 듯한 분노의 감정이 올라올 수 있다. 그러나 내가 아닌 내 생각에 대한 의견이라고 거리감을 두면 이성적으로 정보를 받아들이고 판단하고, 때론 수용할 수 있다는 말이다. 물론 생각과 거리두기를 완벽하게 하기는 어렵다. 다만 한쪽에 너무 몰입해 나와 다른 모든 것에 귀를 막고 차단하고 있지 않은지 점검하는 것

은, 불확실한 정보의 홍수 시대를 살아가는 바람직한 태도라
고 할 수 있지 않을까.

공공의 선(善)을 추구하는 일

　사람들은 왜 정치를 할까. 질문을 던져 돌아오는 이유는
주로 두 가지였다. 권력을 추구하는 욕망을 위해서, 아니면
사회적 선(善)을 이루기 위해서, 또는 그 모두를 위해서다.
선한 목적으로 세상을 바꿔본 경험이 있는 사람이라면 지도
자가 되어 더 많은 것을 바꾸려는 꿈을 꿀 수도 있었을 것이
다. 그러나 유시민은 2013년 2월, 정계 은퇴를 선언했다. 그
가 정치를 그만둔 이유는 무엇이었을까.

　　"내가 정치를 하는 이유는 뭐지? 스스로에게 물어보면 권
　　력을 가지고 싶어서는 아니었어요. 국가 권력을 접근해 내
　　가 가지고 있는 지식이나 경험, 또 이상을 보태 좀 더 많은
　　선을 실현하고 싶다는 목표로 정치를 했다고 생각해요. 그
　　런데 사람들은 그렇게 보지 않아요. '분명 다른 목적이 있
　　을 거야.' 하면서 권력욕의 화신으로 보더라고요."

　정치를 하는 동안 인간관계를 스스로 선택할 수 없다는

점도 힘들었다. 모든 사람에게 호감을 사야 하며 상대가 나를 싫어하는 걸 알더라도 그걸 티 내지 말아야 했다. 그러니 모든 인간관계가 긴장의 연속이었다. 만인에게 을이 되어야 하고, 진영을 기반으로 서로를 적대시하는 것이 불가피한 삶을 견디는 일은 결코 쉽지 않았다. 정치라는 전쟁터 한가운데서 치열하게 싸우고 돌아오면 거울 속에 비친 얼굴이 너무 사나워 보였다. 그 얼굴이 마음에 들지 않았고, 정치를 그만둬야겠다고 마음먹었다. 고 노무현 전 대통령이 돌아가시기 전에 유시민에게 정치하지 말고 글을 쓰라는 말씀을 하신 기억도 있다.

"노무현 전 대통령이 '내가 생각하기에는 글과 말이 더 좋은 거 같다. 글과 말로 다음 세대를 만나고 사람들과 교류하는 쪽이 사회의 진보를 이룩하는 데 더 낫지 않을까?' 하시더라고요."

"그럼 정치는 누가 합니까?" 물으니 "정치는 정치밖에 못 하는 사람이 하면 된다."는 답이 돌아왔다. 유시민에게는 글과 말이라는 선택지가 있었으므로, 사회적 선을 향해 나아가는 방법이 꼭 정치일 필요는 없었다.

훌륭하게 살고 싶지 않다

2019년 1월에 시작된 유튜브 방송 〈유시민의 알릴레오〉는 단기간에 국내 정치 관련 채널 중 구독자 1위를 달성할 정도로 큰 관심을 모았다. 정치 관련 프로그램 〈썰전〉에 출연하던 중 '정치 얘기를 너무 많이 해서 나도 거리감이 좀 필요하고 보는 사람들도 피로감을 느낄 것 같다.'며 하차했는데, 오히려 유튜브로 정치에 대해 심화된 방송을 시작한 셈이니 다소 의아한 행보였다. 사실 〈알릴레오〉는 유시민 개인이 아니라 노무현 재단에서 공식 운영하는 채널로, 무보수 봉사직인 재단 이사장으로서 출연료도 없이 재능기부 차원으로 출연했다.

유시민이 인터넷 방송을 선택한 이유는 단순했다. 사실과 다른 것들을 바로잡기 위해서다. 노무현 전 대통령이 돌아가신 이후에도 종종 현실 정치에 소환되는 경우가 있다. 그러다 보니 사실과 관련 없는 논란이 발생할 때도 있었다. 이에 재단이 보도자료를 내거나 성명서를 내는 기존의 방법으로는 효과적으로 대처를 할 수가 없었다. 이렇게 사실과 다른 정보가 문제가 될 때, 직접 시민들에게 목소리를 내어 바로잡는 게 좋겠다고 생각했다. 원래는 팟캐스트 방송을 하려 했는데, 이제는 영상도 송출해야 하는 시대라는 의견이 있어 유튜브를 찍기 시작했단다.

그러니까 애초엔 고 노무현 전 대통령에 대한 잘못된 논란을 바로잡으려는 것이었지만, 그런 일이 있을 때만 불규칙적으로 방송을 하면 사람들의 관심이 낮아질 수밖에 없으니 매주 금요일 정기적으로 정책, 교양 방송을 하기로 했다. 이렇게 시작한 〈알릴레오〉는 지지층뿐 아니라 안티층에게도 초미의 관심사를 모아 지상파 뉴스에서도 소식이 보도될 정도였다.

"인터넷 방송은 채널을 돌리다가 우연히 보는 게 아니라 보고 싶은 사람들이 찾아봐야 하는 거잖아요. 그래서 우리는 '필요한 분들이 보세요.'가 채널의 모토예요."

보통 유튜브는 10분 남짓한 짧은 영상이 많은데 〈알릴레오〉는 거의 한 시간에 가까운 영상을 찍어 올리는 바람에 시청자들에게 원성을 듣기도 했다. 하지만 높은 조회 수나 구독자가 목적이 아니라 정보가 필요한 사람들이 와서 여기에서 제공하는 충분한 정보를 얻는 것이 목적이기 때문에, 전체 영상을 올리는 것으로 결정했다. 실제로 짧은 편집 영상보다 한 시간짜리 본편의 조회 수가 훨씬 높다. 이를 보면 맥락 전체를 읽고자 하는 사람들의 니즈도 짐작할 수 있다.

사실 유튜브를 시작하자 유시민이 정계에 복귀하려 한다고 추측하는 사람들도 많았다. 하지만 정치인 유시민과 지금의 작가 유시민, 한쪽을 선택하라 했을 때 본인은 단호하게 후자 쪽을 꼽는다. 글 쓰는 안온한 삶을 누리는 데 충분히 만족하고 있다는 것이다.

"정치하는 삶은 훌륭하다고 봐요. 작은 허점만 보여도 치명상을 입는 직업이고, 승자가 패자를 자기 손으로 죽이지 않을 뿐 결국 그와 같은 결과를 야기하죠. 이런 무서운 조건에서 사회적 선을 위해 정치를 하겠다는 결심은 그 자체로 훌륭한 일이에요. 반면 지금 나의 삶은 안온한 삶이죠. 내가 좋아하는 일을 하고 좋아하는 사람을 만나는 삶. 행복한 삶이지만 훌륭한 삶은 아니에요. 그런데 훌륭한 삶을 살고 싶지 않아요. 그냥 저한테 맞는 삶을 살고 싶어요."

유시민은 정치할 때와 비교하면 지금의 행복이 압도적이기에 정계로 복귀할 생각은 없다고 단언한다. 실제로 지금의 유시민이 정치할 때와는 완전히 다른 편안한 얼굴을 하고 있다고 말하는 사람이 많다. 거울 속에 보이던 사나운 얼굴은 어느새 사라졌다. 정치할 때는 뭔가를 바로잡아야 한다는 생각으로 분하고 치열할 때가 많았다. 그때는 살벌한 저격수의 얼굴을 하고 있었다면 지금은 작가로서의 평온한 얼굴이 다시 제자리를 잡았다. 글을 쓸 때는 내가 가진 것을 소진하는 동시에 오히려 더 많은 것이 채워지는 충만감을 느낄 수 있었다.

"정치할 때랑 비교하면 지금이 압도적으로 행복하죠. 씻고
자기 전에 오늘 하루를 돌아보면 너무 좋아요. 이렇게 살
아도 되나, 하는 죄책감도 조금 있지만 대신 약간의 변명
거리는 있죠. 했잖아, 내 몫은. 각자에게 주어진 에너지의
총량이 있는 것 같아요. 어쩌면 지난 10년 동안 정치를 한
게 오늘날 이 변명거리를 만드는 과정은 아니었을까 싶기
도 해요."

살아온 시대와 삶은 다르지만 우리는 모두 각자의 십자
가를 지고, 각자의 선택을 하며, 각자 삶의 의미를 찾아 나간
다. 내가 가진 에너지의 총량은 어디에 쓰여야 할까? 인생에
서 어떤 결정을 내릴 때, 나에게 중요한 게 무엇인지는 타인
이나 사회가 아니라 스스로 정해야만 한다. 내 삶을 존엄하
게 만드는 가치는 무엇일까, 어떤 선택들이 내 삶을 존엄한
죽음으로 이어지게 할 것인가. 어떤 삶에도 누구에게나 납득
가능한 보편타당한 의미는 없다. '내 인생이 무슨 의미가 있
을까?' 하고 허무한 답으로 이어질 수밖에 없는 질문을 던지
기보다는 '내가 내 인생에 어떤 의미를 부여해야 할까?'라고
달리 생각하면, 길지만 짧은 우리의 생에서 각자의 의미를
찾고 살아갈 수 있지 않을까.

"전 음악을 하니까 전과 비교해서 가장 예전 같
지 않다고 느끼는 게, 집중력이 너무 떨어진 거
예요. 전에는 뭐 하나 하면 딱 진짜 밤새도록 그
걸 붙잡고서 계속 건반 앞에서 악보를 그려가
면서 했거든요. 근데 지금은 30분 정도 막 이러
다가 잠깐 한 시간 정도 쉬어 줘야 해요. 딴짓도
하고. 그리고 젊은 시절의 곡과 지금 걸 들어보
면 가장 큰 차이가 있어요. 젊었을 때 곡을 쓰거
나 편곡을 하거나 연주를 할 때는 난 내가 뭘 하
는지 몰랐어요. 근데 지금은 너무 알겠어요, 다.
그래서 점점 나이가 들어가면서 느낀 장점은
'이제 좀 뭔지 알 거 같다'라는 거죠."

유시민

╳

유희열

희열의
대화

○

진행자 유희열은 대화 속에서 기본적으로 상대방의 말을 잘
들어주는 사람, 그러다 적재적소에 자신의 진솔한 이야기를
꺼내놓으며 상대의 마음의 문을 슬쩍 건드려주는 사람이다.
매주 풍성했던 대화의 테이블 위에서 양념처럼 슬쩍 곁들인,
하지만 메인요리가 아니라고 해서 그냥 지나가긴 아까웠던
유희열의 '말'을 모아보았다.

○

"저는 예전에 군대 제대하고 첫 번째 방송이 라디오였는데 거기에서 좀 중책을 맡았거든요. 신동엽 씨가 진행하는 라디오였는데, 제가 했던 역할은 청취자가 전화 연결을 해서 노래를 부르면 피아노로 반주를 하는 거였어요. 매주 제 건반을 들고 가서 세팅하고 신청한 청취자들 예선도 보고 피아노 반주를 했어요. 그걸로 처음 사람들이 저를 좀 인식하게 되었던 것 같아요. 그런데 거기에 어떻게 나갔느냐 하면, 제가 해군이었는데 신동엽 씨가 방송 때문에 해군 함정에 타신 거예요. 그분이 선배였으니까 그때 인사를 했더니 연락처를 주면서 나중에 제대하면 꼭 연락하래요. 그래서 연락을 드리고 그렇게 활동을 시작하게 됐어요. 그러니까 지금 신인 가수 친구들도 정말 인생은 알 수 없다는 얘기를 해주고 싶어요. 어디에서 실타래가 풀릴지 모르고, 본인은 그 기회가 오는 걸 그때는 알 수 없죠. 지나고 나서야 알게 되는 것 같아요."

아이유

×

유희열

지코
×
유희열

"제가 음대를 나왔잖아요. 음대에서는 처음에 바흐부터 모차르트, 베토벤, 드뷔시 같은 작곡가들에 대해서 먼저 배워요. 그 클래식 작곡가들의 기법을 배우는 거죠. 현대식으로 말하자면 누구는 랩을 이렇게 하고, 누구는 기타를 이렇게 치고, 그런 기법들을 다 배우는 거예요. 그런데 마지막 단계에서 교수님이 이걸 다 가르쳐준 이유는 '이렇게 하지 말라'는 것을 알려주기 위해서라고 말해요. 자기도 모르게 흉내를 낼 수 있지만 그렇게 하지 말고 너의 것을 하라고요. 사실 유명한 선배들을 보면 '와, 나도 저렇게 살아야지.' 하는 게 대다수의 태도거든요. 그런데 정말 훌륭한 선배를 보고 배우되 그대로 따라 하는 게 아니라 나는 그걸 어떻게 내 식대로 해나갈 것인가, 어떤 건 과감하게 버릴 것인가, 그걸 볼 수 있는 시각도 아주 중요한 것 같아요."

"살다 보면 어느 순간부터는 집에서 보는 아내 나 방송에서 만나는 제작진, 음반 작업하는 사람들처럼 늘 만나는 사람들만 쳇바퀴처럼 만나게 되더라고요. 인간관계라는 게 그렇잖아요. 새로운 친구를 사귀고 대화하는 게 점점 어렵고, 익숙한 사람들과 만나는 게 더 편하게 느껴져요. 그런데 어쩌다 우연히 뜬금없는 사람을 만나게 되는 일이 있잖아요. 그 사람이 선문답처럼 하나 툭 던지고 간 이야기가 집에 와서까지 생각이 날 때가 가끔 있어요. 그러니까 늘 만나던 사람들은 평소 다니던 익숙한 길 같은 느낌인 건데, 이 사람이 갑자기 샛길 하나를 톡 터주는 것 같은 그런 경험을 하게 될 때가 있더라고요. 그래서 결국 익숙한 우리끼리 나누는 풍성한 대화도 참 좋지만, 누군가 새로운 사람을 통해 이야기를 하는 것도 되게 색다른 경험이라는 걸 느껴요. 그렇게 그 사람이 한 번 거치고 가고 나면 우리 이야기도 조금 달라져 있더라고요."

김숙

✕

유희열

사는 게 정답이 있으려나

초판 1쇄 발행 2021년 5월 26일
초판 5쇄 발행 2024년 10월 9일

지은이 아이유·조수미·지코 외 KBS〈대화의 희열〉
펴낸이 박영미
펴낸곳 포르체

출판신고 2020년 7월 20일 제2020-000103호
전화 02-6083-0128 | 팩스 02-6008-0126
이메일 porchetogo@gmail.com
포스트 https://m.post.naver.com/porche_book
인스타그램 www.instagram.com/porche_book

ⓒ KBS(저작권자와 맺은 특약에 따라 검인을 생략합니다.)
이 책의 출판권은 KBS미디어(주)를 통해 KBS와 저작권 계약을 맺은 포르체에 있습니다.
ISBN 979-11-91393-15-6 (03190)

여러분의 소중한 원고를 보내주세요.
porchetogo@gmail.com